大学で
どのように
学ぶか

新 よくわかる

ライフデザイン入門

大学導入教育研究会 編

古今書院

本書を使用する学生の皆さんへ

　この本は 2010 年に発行された『よくわかるライフデザイン入門』という本を、時代の変化に対応して全面的に書き直して新しく作ったものです。

　2010 年頃は、大学生の導入教育というものは、それほど普遍的ではなかったと思われます。ですから、旧版では大学生活のことなどにもかなりのページを割いていました。ここ数年で、大学は組織として新入生そして学生の生活支援を充実させています。ですから、生活のことに困ったら、『学生手帳』などを読んでください。困ったときやトラブルなどのときは、しかるべき窓口にためらわず相談してください。それゆえ、この本ではそういう大学生の生活についての記述は、学習関連以外のことは書いてありません。

　その代わりに、アカデミックな教育への導入を充実させたつもりです。ゼミでレジュメを作っての発表が割り当てられたとき、レポートを書くとき、試験の準備のとき、卒論を書くとき、折に触れて読み返してください。

　大学の勉強は、社会では無駄なことのように思えますが、決してそうではないことも一生懸命述べたつもりです。大学 1 年生の皆さんが効率的に大学で学べることを意図して、我々は本書を書いたつもりです。しかしそれは単純なマニュアルではないのです。なぜそうなのかを皆さんが理解できれば、本書の目的の半ばは達せられたと言えるでしょう。

本書をご使用になる先生方へ

　大学の卒業生の質保証ということが近年言われますが、本書は大学教育においては保守的な観点から書いています。つまり、伝統的な大学教育こそが、最終的には学力を向上させるし、それは社会に出てからの力にもなるのだと考えています。

　とはいえ、本書は基本的方針として、ただ読むだけのものでなく、初年次導入教育の授業で活用しやすいもの、学生が活動せざるを得ない実践的なものを旧版のように目指しました。

　流行りのアクティブ・ラーニングも取り入れて、グループワークとして学生同士で話し合い、考えながら取り組める課題を多く準備しました。初年次の学生間のコミュニケーションの活性化にも役立つと思います。それらの課題を使いやすいように、学生用の教科書とは別に、教員用の資料やリソースを用意しました*。アカデミックなスキルを磨く総合イベントとして、第10、11章ではディベートを取り上げました。全体としてアクティブかつ伝統的かつ基本的学習スキルの育成に配慮したつもりです。

　各章が2回程度の講義に対応します。担当される先生のお考えで、順番などは入れ替えてください。第4章は特に難しいということなのですが、大学の教員として「アカデミックな香り」を嗅がせるつもりで書きました。目安としては、第7章の本の要約が前期末のレポートと想定しています。主な課題は巻末のミシン目を切り離して提出できるようにしてあります。そういう点では、教員の負担の軽減も考えました。そのうちLMS対応も考えたいです。本書が困難な初年次導入教育の一助となれば幸いです。

＊資料・リソースをご希望の方は、件名に「ライフデザイン入門　教員用資料希望」として、大学名・教員名を order@kokon.co.jp までメールでお知らせ下さい。折り返し、資料・リソースをお送りいたします。

第1部 ベーシック・スキルズ

第1章　大学で学ぶということは　*1*

§1　「生徒」と「学生」　*1*
§2　学生生活に求められるスキル　*3*
§3　自らの学びをデザインする　*7*

第2章　大学教育の意義を考える　*11*

§1　どのような科目を履修すべきか？　*11*
§2　楽に単位取得できる科目か、そうでない科目か　*13*
§3　1コマの費用　*14*
§4　大学教育を取り巻く環境の変化　*15*

第3章　コミュニケーションの基礎　*17*

§1　自己紹介をしよう－自己分析－　*17*
§2　感じたこと・考えたことを話し合ってみよう－グループワーク－　*18*
§3　手紙を書く　*21*
§4　マークアップ言語－現代的な定型型文章－　*22*

第2部 アカデミック・スキルズ

第4章　論理的コミュニケーション　24

§1　論理的な意見とは　24
§2　相手を納得させる命題とは　25
§3　因果命題の検討　26
§4　帰納法と演繹法　27
§5　実践　論理的コミュニケーション－グループワーク－　32

第5章　ノートの取り方　34

§1　高校と大学におけるノートの位置づけ　34
§2　実戦　ノートテイク　35
§3　ノートの添削　36

第6章　文献検索　37

§1　文献検索の必要性　37
§2　文献検索の具体的な方法　38
§3　文献目録の作り方　40
§4　著作権－正確な引用と適切なその分量－　41

第7章　論理的な読書　46

§1　大学生はどんな本を読むべきか　46
§2　どのように内容をつかむか　48
§3　実戦　論理的な文章を読む－グループワーク－　49
§4　要約の作成と本の紹介　50

第8章 レポートの書き方　53

§1　なぜレポートを課すのか　53
§2　何から始めるか－ネット断ち－　54
§3　論理構成を構想する　55
§4　引用を行う　56
§5　推敲の必要性と形式的な注意　57

第9章 プレゼンテーション　60

§1　レジュメを作る　60
§2　レジュメを読む　64
§3　スライド－PowerPoint をつくる－　64
§4　PowerPoint とレジュメを使った練習　65
§5　プレゼンテーション本番での心得　67

第10章 ディベート：準備編　68

§1　ディベートとは何か－その目的－　68
§2　ディベートのルール　69
§3　ディベートの準備－リサーチ－　70
§4　資料の作成とプレゼンテーション　74

第11章 ディベート：本番編　77

§1　役割を演技する－楽しむ－　77
§2　相手の手を読んで－「反論」の用意をする－　82
§3　役割分担を決める　83
§4　本番のディベートの注意点と評価　84

第12章　試験の受け方　*86*

§1　なぜ試験をするのか　*86*
§2　試験対策を行う　*88*
§3　どのように試験勉強すべきか　*89*
§4　GPA（Grade Point Average）　*93*
§5　この章の終わりに　*94*

第13章　現代社会を考える　*96*

§1　現代社会を生きる　*96*
§2　社会人に要求される能力　*98*
§3　ITスキル　*101*

第14章　自分の進路について考える　*103*

§1　就職だけが人生か？－当面続く売り手市場－　*104*
§2　人生誰もが不安である　*105*
§3　グループワーク：ある市での生活　*105*
§4　自律の幻想－成り行きで決めることの真実－　*107*

第15章　就職活動を考える　*108*

§1　就職の状況　*108*
§2　「就活」ってなにをするの？　*110*
§3　エントリーシートの実際　*112*
§4　1年生での就活準備　*115*
§5　自信を持って「就活」に臨むために　*116*

第1章　大学で学ぶということは

§1　「生徒」と「学生」

1）「生徒」と「学生」の違い

　「生徒」は中学生・高校生を指し、「学生」は大学生を指します。高校を卒業し大学に入学したケースで「生徒」と「学生」の違いを考えてみましょう。

　大学に入学して最初に戸惑ったことはなにでしょうか。入学式の後の、普通に通学するさいの服装だったと何度か聞いたことがあります。高校の多くには制服や標準服があります。ほとんどの大学にはそれらがありません。なぜでしょうか。

　ガイダンスでは「時間割」の作り方の説明があります。えっ！　時間割を作るの？　美術と音楽、体育で剣道と柔道のような科目選択の経験しかないよ。時間割はクラス単位で決まっていたよ！　まあ担任の先生が教えてくれるだろう。と思ったら、担任はいるけどHRはないんだって⁉

　枠だけの時間割表には、曜日と時限が決められているクラス単位での基礎的授業（たとえば「ライフデザイン演習」、「学習基礎演習」など授業名は異なりますが大学生の学習の基礎を学ぶ授業）、それに学科の専門分野の基礎を学ぶ授業（これは数クラスの合併授業のこともあります）がまず入ります。これらは必修科目です。

　次に、同様に必修科目の英語などの「語学」が入ります。ただ、習熟度編成を採用している場合は、クラス単位の授業にはなりません。その後の時間割作成は各人でバラバラです。制約はありますが、その範囲内であれば科目を自由に選択できるからです。ですから、クラスの人と一緒に帰りたいなと思っても、下校時間は（そして登校時間も）マチマチです。授業のない曜日ができることさえあります。

　各人の時間割はこのようにして作られますから、高校のように決まった時間

のHRはないのです。伝達はすべて掲示かポータルサイトです。知りたいことがあっても聞きに行かなければわからずじまいです。なぜ、個人による時間割の作成があるのでしょうか。

　社会学、経済学、法学、政治学、哲学、数学、テニスなどなどの選択科目、多くは大教室や中教室での講義科目の履修を最後に決めて気づくことは、参考書はどの授業でも示されますが、教科書のある授業とない授業があることです。教科書のある授業でも、その教科書は担当の先生が書いたものだったり、どの書店にもある本だったりします。教科書は授業の担当教員が決めるので、高校までの"文部科学省検定済みの教科書"はありません。なぜでしょうか。

２）大学１年生がすること
　制服や標準服がない。基礎の授業を除けば時間割の作成は各自が行う。"文部科学省検定済みの教科書"はない。これらが示していることは、あなたが自由に自主的に決めて学びなさい・行動しなさい、です。服装は常識の範囲内で自由に決めればよいのです。学びたい科目も自由に決めればよいのです。"文部科学省検定済みの教科書"が教える"常識"は高校までに習得したのです。
　では、大学生がすることはどのようなことでしょうか。
　それも自由に自主的に決めて行動すればよいのです。でも、これでは突き放した言い方ですね。大学の受験時には学部・学科を選択しています。親や先生からの助言はあったかもしれませんが、あなたが選択したのです。選択した学部・学科のなかでさらにどの分野・どの科目を専攻して学びますか。これを考え、決めることが１年生の大きな課題です。後期になると２年生で学ぶ分野を選択することもありますから、後期の始まる前までにある程度は決めることになります。決める基準は興味のある分野であること。興味がなければ続けることは難しいでしょう。

３）「勉強」と「学問」の違い
　ここで、生徒と学生の違い、学生＝大学生は自由に自主的に決めて学ぶ・行動する、を踏まえて「勉強」と「学問」の違いを考えてみましょう。
　高校までは"勉強"をしてきました。"文部科学省検定済みの教科書"は内容に間違いがないように審査されたものであり、高校生の誰もが身につける"常識"を記述したものです。それを使用した勉強は内容を理解し"常識"を身につけることが重要でした。受動的であり、あまり面白いものと思わなかっ

た人も多いでしょう。受験勉強では内容的にも時間的にも自由が制約され、早く解放されたいと思ったことでしょう。

　大学では"勉強"もしますが、それ以上に"学問"をすることが重要だといわれます。勉強と学問は違うのでしょうか。

　"学問"の意味は「問いを学ぶ」です。質問の仕方や疑問の出し方を学ぶ、です。高校までは常識を学びましたが、その常識は100％正しいという保証はあるのでしょうか。見方を変えれば別の像が見えてくることもあるのです。また、社会は変化し進んでいます。新しい事象はその常識には含まれてはいません。こうした時にはその"常識"にとらわれずに対象を見ることが必要になります。

　大学で学ぶ主要なことは、さらに正確に事象を見よう、捉えようという精神と方法です。その学びの初めに必要なことは質問の仕方や疑問の出し方を学ぶことなのです。常識を疑わなければ事象の把握はそこで停止します。さらに正確に把握するためには、新しい事象の実態を把握するためには、質問や疑問を具体的に提起しなければなりません。これでいいのかなー、なんかへんだなーで終わったのでは、思考の停止と同じです。

　質問や疑問を具体的に提起できると、それへの回答が必要になります。対象を調べ、考え、結果を発表できるようにならなければなりません。自分で、自発的（主体的）・積極的に問題を発見し、考え、解決策を提案し、他者の理解を得られるように説明できるようになること。これが大学生の学びの目標です。

📄 課題

「学生」を規定しているのは「学校教育法」のどの条文にあるでしょうか。

§2　学生生活に求められるスキル

1）授業形式の違い

　学生生活に求められるスキルといっても、ここでは学習面に限っています。

　学期が始まると、イメージとは違う授業に出会うかもしれません。大きな教室でパワーポイントの画面を先生がマイクを使って解説する。このような授業もありますが、少人数の授業もあります。その代表は語学の授業でしょう。授業をその形式によって区別すると、講義、実習、演習に分かれます。

2）講義

　講義では、先生がテーマを解説することが中心になります。受講生は知識を習得し考えることを学びます。

　受講生は、指定されている教科書や参考書を事前に読んでおかなければなりません。ただ読むだけではなく、理解できた箇所と理解できなかった箇所を区別しておかなければなりません。講義を聴くと、理解できた箇所の理解はより深まるでしょうし、理解できなかった箇所が理解できるようになるでしょう。予習なしに講義を聴いても、予備知識がありませんから、消化不良を起こすことが多くあります。

　予習で得た知識と講義で聴いた内容とが違うように思うことがあるかもしれません。その場合には授業中のしかるべき時に、または授業終了時に必ず質問しなければなりません。ここで的確に質問する術（すべ）も学ぶのです。隣に座っている人に授業中に聞いてはいけません。私語と誤解されることもあります。隣の人に聞くのは授業の終了時です。友達ができるきっかけはこんなところにもあります。

　自宅での復習も重要です。思いもしなかった箇所が、十分に理解できていなかった、消化不良であったなどが発見されたりします。さらに調べたり次回の授業で質問しなければなりません。

3）実習

　実習は、実際に行うことによって知識を体得し使えるようにする授業です。体育実習、音楽実習、調理実習、会話実習などを思い起こせばイメージは掴めるでしょう。

　実習の授業は多くの場合、講義科目に比べ修得できる単位は半分です。1セメスター（半年分の授業）では講義科目は2単位が標準ですが、実習科目は1単位です。理由は、講義科目は予習と復習にも時間を割かなければなりませんが、実習科目は授業時間に実際にやってみることが重要だからです。ですから、出席が重視されますし、どの程度実際にやってみたか、努力したかが評価に大きく影響します。体育の授業で欠席が多く、出席しても見学が多いのでは単位の修得につながらないことを思えば理解できるでしょう。

　実習の場合、予習や復習はそれほどしなくてもよいのかと思われるかもしれませんが、予習をしていない実習は悲惨なことになるでしょうし、復習は次回の予習ともいえますから、やはりしなければいけません。

4）演習

　演習は、実習と似ているように思うかもしれませんが、大きく異なります。重要度は講義・実習・演習の中でもっとも高いといえます。演習はゼミナールあるいはゼミとも呼ばれ、3年生・4年生に配当されています。演習の大きなテーマは担当教員の専門分野で決まっていますが、具体的なテーマは履修学生が決めることが普通です。

　演習では、テーマを決め、資料を収集し、仮の結論（主張したいこと）を提出し、その結論を資料＝証拠により論証・確定し、他の受講生にも理解されるように説明することが求められます。

　履修生はテーマを選択することから始めなければなりませんが、その前提には1年生・2年生の講義で学んだ該当分野の知識がなければなりません。その知識がなければテーマを考えることも的確に選択することもできません。

　テーマは大きすぎても小さすぎても、また、先行の研究がほとんどなかったりすると、その後の扱いが困難になります。テーマについて何を主張したいのかが明確でないと、当然ですが、論証することはできません。ですから、まず、仮の結論を提出することから始めなければならないのです。この仮の結論を論証しようとしてさらに資料を集め、考え、仮の結論が正しいことの論証を試みるのですが、その過程で考えや主張そのものに変化が生じ変更が必要になることもあります。こうして、仮の主張は考察・考慮を経た確定された自分の主張になるのです。これが演習の事前作業です。

　演習の授業では発表があります。テーマと確定した自分の主張をそこに至る過程を示し、他の受講生が理解し同意が得られるように説明しなければなりません。そのためには、要点を的確に表して他の受講生が理解しやすい報告書（レジュメ）やパワーポイントの準備も必要です。この作業を通して、相手のことを意識した発表の準備についても学ぶのです。

　いよいよ発表です。慣れていないと発表は早口になる傾向があります。大きな声で意識的にややゆっくりした口調で発表することを心掛けましょう。発表が終了した時には「以上です」とか「以上で発表を終わります」とかを言って締めくくります。ここで他の受講生から疑問点や説明で不明瞭な点についての質問が出されます。それに答えなければなりません。質問への回答が準備されていない場合は次週に答えることを約束します。

　最後に担当教員がまとめをつけてその時間の演習は終了します。

　出された質問や討論で気になった点は、帰宅してから調べ直さなければなり

ません。また、演習では、学期（セメスター）の最後には演習報告書の提出を求められるのが普通です。発表までの準備をきちんとしていれば資料はパソコンに入っていますから、報告書の作成にはそれほどエネルギーを必要とはしません。

　今まで述べたことを別の角度から見てみましょう。

　テーマが決まると、テーマについての資料を収集しなければなりません。情報収集といってもよいでしょう。ここで必要になる能力（技能・技術）は、語学力であり、PC 操作力であり、理解力です。語学力の内容は言語（現状では日本語と主に英語）で正確に理解する力（読み取る、聞き取る）、正確に表現する力（書く、話す）です。中学から勉強している英語で新聞が読めれば、コンピュータの操作ができれば、情報収集の量と質が格段に上がることは容易に理解できるでしょう。理解力の水準は情報の咀嚼水準を決定します。

　次は情報加工です。情報を収集し整理しても、それだけでは報告（レポート）にしかなりません。演習ではテーマについての主張が必要ですから、それを考えなくてはなりません。獲得した情報をいかに加工するか。ここが核心部分です。

　主張は他者に伝えられなければ意味がありません。他者（他の受講生）が正確に理解できるようにしなければなりません。いかに情報発信をするかが問われます。語学力とともにワード、エクセル、パワーポイントなどの PC 操作力が必要になります。表現力、デザイン力も必要です。

5）求められるスキル

　スキルとは「反復訓練の結果習得した技能・技術」（『新明解国語辞典』）です。講義、実習、演習の項で見ましたように、学生が求められるスキルとは、第一に予習（＝準備）と復習（＝定着）であり、準備の技能・技術と得たものを定着させる技能・技術です。

　復習（定着）は次の準備の前提となりますから、いかに準備し定着できるようにするかのスパイラルの「技能・技術」を習得することが求められているのです。予習の場合、情報収集のスキルがまず重要になりますが、収集するさまざまな情報をその表現方法・表現形態に注意して見ていると、情報発信の表現方法・表現形態を考えるさいのヒントを得られることが多々あります。また、現在、情報収集にとって PC は欠くことのできない用具になっていますが、それに頼っているだけではじつは不十分です。

　情報の宝庫は大学にある図書館です。図書館には、PC はもちろんあります

が、PCによって得られるものを含む膨大な資料が蓄積されています。この資料・情報を活用できるか否かで、獲得される能力の水準は大きく異なることになります。図書館の利用の仕方は図書館ガイダンスが開催されるでしょうし、レファレンス（調べ物相談）のサービスは図書館が力を入れている重要な業務ですから十分に利用しましょう。遠慮はまったくいりません。

身につけたこれらのスキルが社会に出たとき実力の下地となり、活かされるのです。

課題

講義科目と実習科目・演習科目では評価の仕方（成績の付け方）が異なります。評価の仕方の違いとその理由を考えてみましょう。

§3 自らの学びをデザインする

1）学びのテーマ

自らのテーマ（課題）をもちながら、主体的に勉学を進めていくことの重要性について考えてみましょう。

大学は学校で学ぶという意味では、大学院などを除けば、最後の場です。社会に出てからも"学び"は継続されますが多くは職業に結びついており、大学での学びとは質が異なります。大学での学びの主要目的の一つは、その後、社会人として生きてゆけるようになれることです。その目的を達成するには、大学での学びをどのような点に留意してデザイン（設計）すればよいのでしょうか。

大学で学ぶさいの自らのテーマは、1年生では40単位以上を良い成績で修得する、卒業時までに英語検定準1級を取得する、日本一周の自転車旅行を実現する、1年間休学して留学する、東京都のⅠ類（上級職）試験に合格するなど、いろいろあるでしょう。このような具体的なテーマは、相応の努力を必要としますが、テーマを達成・実現する方法はかなり明瞭であり、達成すればそれでテーマは完了します。

この節ではもう少し普遍的な例で、誰にでも当てはまり生涯のテーマともいえる"一人前の社会人になること"を考えてみましょう。

ところで"一人前の社会人"ってどんな人間でしょうか？　ここでは"社会のなかで自律でき自立できる人間"と言い換えておきましょう。

どんな人も、社会のなかで孤立して生活し生きていくことはできません。就学・就労・職業訓練のどの状態にもないニートと呼ばれる人々も、多くは親に寄生して生活しているパラサイトと呼ばれる人々も、寄りかかったり頼ったりしている人間を介して社会と結びついています。しかし、これらの状態は本来の状態とはいえません。頼れる人や保護者がいなくなればその生活は立ちゆかなくなります。ですから、本来のありかたは社会のなかで自律でき自立できる人間として生活してゆくことであり、そのようにならなければならないのです。

　自律し自立できた人間は自分でそのようになれたと自覚できる水準に達することが必要ですが、自分でそのように思えるだけでは十分ではありません。他者から見てもそのような人間だと認められるようにならなければならないのです。他者からもその人の価値が認められるようになることが重要です。

2）就職の意味と求められるもの

　現在の社会は資本主義経済社会です。この社会の中で認められる人間か否かは、悲しい言い方だと思われるかもしれませんが、収入の有無が目安となるのです。

　社会的に価値のある行動とみなされれば、多くの場合就労すれば、収入が生ずるし、社会的に低意味・無意味と評価されれば収入は少ないか無い。もちろん、家事労働やボランティア活動などのように社会的に意味のある労働や行動でも収入に結びつかないものもあります。また、同じ労働をしても正規労働者か非正規労働者かの違いで収入額が異なるといった問題のある現実があることも事実です。

　話を戻せば、社会で認められて収入が生じるし、その収入の基盤のうえで自律・自立して生活できるのです。大学を卒業し収入を得られる社会人になるには、多くの場合、"就職"をすることになります。"就職"そのものは本来の目的ではありません。しかし、自律・自立して生活するという目的を達成するためには必要な条件の一つであり、しかも重要な条件であるのです。

　では、卒業時に自分の希望する"就職"ができるようにするためにはどうすればよいでしょうか？　一言で言うならば、大学にいるあいだに自分の能力をできるかぎり向上さすことと言えるでしょう。ただ、誰もがもっている水準の能力ではあまり評価されません。就職活動時に書かされるエントリーシートでの質問の定番は、「あなたの強みは何ですか？」、「他の人は持っていないあなたのOnly Oneは何ですか？」です。（「第15章　就職活動を考える」も読ん

で下さい。）

　就職すれば、社会関係の中に身を置き、他者と協調・協同して、協働できなければなりません。仕事は、程度の差はありますが、すべて協働であり協同の作業です。これらについては、筆記試験に合格した後の、面接試験で尋ねられます。「あなたは上司や同僚と円滑な関係を作れますか？」、「あなたは人間関係を上手に築けますか？」。運動部やサークルに所属した学生が就職では優遇されるという話を聞いたことがあると思いますが、その理由はこんなところにあるのです。

　どうすればよいのでしょうか。先生や近所のおじさん・おばさんに自分から挨拶できるようにする、気軽に話ができるように努める。そんなことから始めればよいのです。3年生になったら始めようではなく、今日から始めるのです。

3）デザインの全体

　自律・自立し一人前の社会人として生活するという目的を達成するために就職は重要な要件ですが、必要な条件の一つです。就労時以外の時間も重要な生活時間です。就労時以外の時間のために就労時間があると考えることもできます。それはともかくとして、余暇の時間のためにも自分の好きなことを大学生のうちに見つけ身につけることも必要です。趣味といってもよいでしょう。料理をつくる、落語を聞く・演じる、音楽を聴く・演奏する、ドライブするなどなど。

　能力をどのように向上させるかとともに、これらを見つけること、それを達成する自らの方法・道筋を考えることが自らの学びをデザインすることになっていくのです。ですから、自らの学びをデザインするとは、自分の生涯を全体として包括的に考えることでもあるのです。それには先人の苦闘や知恵に学ぶことがよい方法です。

　手近な方法としては、できるだけ多くの読書をすることが挙げられます。テレビのドラマや演劇を見ることもよいでしょうが、読書は自分のペースで進め、時々立ち止まって考えることができるという点でも秀でています。

　3年生後期の試験が終わると、事実上、就職活動に入ります。ということは、それまでに、能力を高め、社会人に必要な要件を身につけねばならないのです。多くのことをデザインし主体的に勉学を実行してゆかねばならいという意味では、それほど多くの時間があるとは言えません。

あなたのことを一番可愛いと思っている人は誰ですか。それはあなた自身のはずです。さあ行動しましょう。

課題

生きていくためには、収入を得るための就労時間と余暇時間（就労以外の時間）の両方が必要です。そのバランスについて、理由を含めて考えてみましょう。

第2章　大学教育の意義を考える

　旧版の第2章では学生生活の組み立てなどについて生活上の細かい配慮が述べられていましたが、近年は大学が学生手帳やパンフレットなどで生活支援などを非常に充実させているので、本章ではそれらは大学の出版物にお任せして、大学教育の意義を皆さんに考えてもらいたいと思います。

　大学は高等教育機関です。中学・高校のような中等教育機関との違いは第1章で説明されています。「質問の仕方や疑問の出し方を学ぶ」ところが、"文部科学省検定済み"の"常識"を学ぶ中等教育と違うのです。

　皆さんは、この違いを自覚せずに大学へ進学してきたと思います。でも、安心してください。私も遠い昔には、周りのみんなが進学するから自分もそうして当然と漠然と進学した口です。大学に入学してから考えても遅くありませんし、誰もが入学してから考えているのです（昔の大学生は何も考えず遊び惚けていた者も多かったですね）。

§1　どのような科目を履修登録すべきか？

　新入生の皆さんは、自分で時間割を作るといっても自由度はあまり大きくありません。必修科目（おそらく○○○概論や英語等）が予め設定されており、自分が自由に選択できる科目数はそれ以外の限られたものとなります。

　このような状況では、空き時間となっているコマを、たまたま選択できる科目で埋めてしまうという安直な選択が行われる可能性が大きいです。それはそれで必要なこともあるでしょう。長い通学時間をかけて大学にやってきている学生や、授業が終わったらすぐにアルバイトに行かなければならない学生も多いのですから。

　でも、「質問の仕方や疑問の出し方を学ぶ」のが、高等教育機関である大学の本来の教育目的ですから、できれば、興味関心のある科目を履修登録すべき

です。そうでないと、質問や疑問が湧かない。すぐ眠ってしまいます。

　さらに望めば、ここで『学生便覧』や「シラバス」を読んで、自分の学びに必要と思われる科目を履修登録してもらいたいものです。正直に言って、皆さんにはどの科目を選べばよいかを判断するための知識は不足しています。ですから、『学生便覧』等で推奨されている履修コースなどに準拠して履修科目を決めるのも一つの考え方です。また、教員に相談するのも一つの方法です。

課題

　皆さんが履修した、必修科目を除いた選択科目（履修予定の科目）をそれぞれ一つ提示し、なぜその科目を履修したか説明します。グループの誰か一人（学籍番号が若い人順に）が質問をして、質問された人はそれに答えます（質問無しはルール違反です。答えないのもルール違反です。必ず何か質問し、答えましょう）。それを全員に当たるまで順番に繰り返します。終わったら、以下の気づいた点についてメモします。

　＊このグループワークの目的は、履修科目の選択に関する意識を高めることと共に、グループワークの手始めとして、会話を活発化することにあります。教員は適宜アドバイスをしてください。

◇学友の科目選択について気付いたこと

◇自分の科目選択について気付いたこと

§2 楽に単位取得できる科目か、そうでない科目か？

　大学の教員は個性的な人が多く、成績の評価についても多様な考え方があります。講義は平易で、成績評価が非常に甘く、誰にでもAを出す教員や、試験問題も解答を見ながら書けるようなものを出題する教員もいることでしょう。一方で、講義は難解、評価は辛く、多くを落とす「鬼」もいるのが大学です。これはそれぞれの教員の考え方なので、是非は皆さんが判断するしかないのです。

　とはいえ、「質問の仕方や疑問の出し方を学ぶ」のが、高等教育機関である大学の本来の教育目的ですから、皆さんにもある程度の問題意識を醸成してもらいたいものです。そこで、グループワークです。

課題

　あなたが履修した科目を単位取得難易度評価（1：楽、2：普通、3：難）を含めたリストを作りなさい。まず自己評価から始めます。それから、それをグループの他のメンバーに評価してもらうことを通じて、問題意識を共有します。難易度判定が食い違う場合は、議論してなるべく一致した評価となるように努力してください。＊巻末の用紙を使って提出すること

	履修科目名	難易度評価						総合判定
		自分						
1								
2								
3								
4								
5								
6								
7								
8								
9								
10								
11								
12								

次に、グループのメンバーのリストについて、各科目ごとに、たとえば、「自分で、自発的（主体的）・積極的に問題を発見し、考え、解決策を提案し、他者の理解を得られるように説明できるようになること。」に、各科目がどれだけ寄与するか議論してみましょう。

◇次のセミスターに向けての覚え書き

◇グループで話し合って感じたこと

§3　1コマの費用

　皆さんが4年間で大学を卒業するとして、たとえば私立で入学金・授業料あわせて400万円を大学に支払うものとします（これは安い方ですか？）。卒業要件124単位（もっと取ってもよい。最低ということ）を取得して卒業するとして、1単位約32,000円です。1科目の多くは2単位ですから、1科目約64,000円です。これを15回の授業とすると、1回（1コマ）当たり約4,300円です。これは、1コマ90分として、皆さんのアルバイトの時給の3倍近い額です。昼寝代としては、高すぎるとは思いませんか。

　この大雑把な計算は学費だけで行いましたが、学費だけではなく交通費や下宿代などを含めると、皆さんの学生生活にかかる費用は一層大きいのです。若い時に自由で気ままに勉強できるコストは大きいのです。それらを負担してくれている人のことも考えましょう。

社会人になると、大学生のような自由な時間はもうありません。政府は「はたらきかた改革」などと言っていますが、のんびりと勉強する時間を与えてくれるとは思えません。「大学生であるときしかできない学び」があるのです。学ぶことの意義を考える学生であってもらいたいと願います。

§4　大学教育を取り巻く環境の変化

　私が大学へ入学した1980年代前半の頃は、大学教育は暇人(ひまじん)の遊戯のように思われていました。大学で学ぶことが社会に出て役に立つとは誰も期待していなかったのです。だから、多くの大学生は講義にも出ないで遊んでばかりいました。

　日本経済の成長が鈍化し、がむしゃらに働けば何とかなるという感覚が崩壊し、世界規模の経済競争での環境が厳しくなるにつれて、知的な生産活動の価値が再発見されてきたと言えるでしょう。安くてよいものを大量に売ればよいという時代は曲がり角を迎え、先見性のある"ひねり"が出ないと儲けも出ない時代になってきました。

　世紀の変わり目から、日本の大学教育はそういう"イノベーション"を産み出す人材を輩出する役割を期待されました。大学院の定員増が行われた他に、法科大学院等の専門職大学院が多く設立されました。これらの高度な専門性を備えた知的人材は日本に繁栄をもたらしてくれるはずでした。ところがどうでしょう、奨学金という負債を抱えたオーバードクターの自己破産が社会問題化し、法科大学院の多くが今閉鎖に追い込まれています。

　学士や修士の学位は、仕事の上で有能であることの証(あかし)ですらないのです。こんな当たり前のことに多くの人が気づくのにも、10年以上もかかるのです（まだ気づいていない者もかなりいるかもしれませんが）。

　では、大学教育の意義とは何なのでしょうか。個人レベルで考えると、たしかに学歴による生涯獲得賃金の差は現在もあります。そういう生涯獲得賃金の差が示すような能力差が本当にあるのか私にはわかりません。ただ大学は、基本的には決まりきったことを理解する中等教育と違い、真に知的な訓練の場である（あるべき）と思います。「問題を整理し論理的に問いを立て解答を考える」という修行の場であるのです。この修行は本来厳しいもので、多くの脱落者を出すものです。学生の皆さんを均一に鍛えるものではありません。大学教育に

おいては結果の平等性は放棄されています。そもそも先生がやろうと思ってもできないのです。中等教育でも教育内容が高度であれば、既に実態はそうなっているのです。

現在の日本では、この過程でそれほど鍛えられていなくても学位は出てしまいます。だから無能な学士も修士も博士もたくさんいるのです。また、高等教育の学術的な訓練は見様見真似の丸暗記でもそれなりによく評価されるので、実業上の有能性を必ずしも保証しないのです。

では、実業の経験に触れるとよいのでしょうか。有名人や著名人の苦労話、経験談や成功の秘訣を聞いても読んでも、ほとんどの場合、知的修行にはなりません。過去の経験は現在には通用しないのです。自分で考えることが大学教育の真髄です。

"有能な学生"、"優れた学生"を育てるレシピなどありません。そもそも"有能である"というのはどういうことか、"優れた"というのはどういうことかもよくわかりません。経験則として、高等教育を受けた方がましかなと思える程度のことです。知的な修行は、本当は大学でなくてもできるのです。ただ、多くの人間とは弱いもので、周りの人が修行していればこそ修行できます。だから、大学は選ばなければならないのです。

ある学生は知らず知らずのうちに高い知的能力をものにして社会へと飛躍するでしょうし、ある者はまるで駄目でしょう。そういう点で大学教育は容赦なく厳しいのです。優れた能力を身につけたものは（＝良い成績と等価ではありません）、それらのいわば養われた潜在的な力を応用して何かをなし得ているのではないでしょうか。大切なことはすぐわからないのです。

課題

学歴による生涯獲得賃金の差を調べてみましょう（その数値は信頼がおけるものでしょうか？）。4年間の学費や諸費用をそこから引いてみて、まだ差があるか確認してみましょう。

第3章 コミュニケーションの基礎

　大学は、職場で必要とされるコミュニケーション能力を身につける場でもあります。就職して働くということは、初対面の人とコミュニケーションをすることでもあります。就職活動を皮切りとして、皆さんは、他者に自分の気持ちや考えを論理的に伝え、自分以外のいろいろな人びとの考えを理解し、合意形成しなければなりません。合意形成できないときは、相手の申し出を断ったりする必要もあります。この章では、そういうコミュニケーションの技術を学んでいきます。

§1　自己紹介をしよう－自己分析－

　自己紹介は、もう何回もやったことだと思いますが、まず皆さんなりにやってみてください。

　さてどうでしょう。多くの皆さんは、いざやってみると3分ももたないのではないでしょうか。それはなぜでしょうか、多くの皆さんは自分についてじつはよく知らないのです。自分を他者の視点から客観的に観察すること＝自己分析が必要です。

1) 自分を客観的に分析する

　あなたはどんな人ですか？　この質問によどみなく答えられる人のほうが異常でしょう。自分でもよくわからないのが普通です。統一された自我など本当はないのです。本来の我々は、その時々の雑多な諸特性の寄せ集めであり、統一感は自意識が無いと困るので感じさせられている存在にすぎません。ですから、自分について語ることは、そうした本来多様な自分を語り、他者に理解してもらうしかないのです。つまり、いろいろな自分をどれだけ多様に具体的に語れるか、なのです。

　まず、自分の「いろいろ」について箇条書きにしてみます。

1. 朝寝坊である
2. 宿題をしない怠け者である
3. ガッツリ食べる系である。― それとも味重視のグルメか
4. ドラマを見て泣く涙もろい女・男である
5. 無遅刻・無欠勤の几帳面である
6. ○○生まれの△△育ちの転勤族であった
7. 生まれも育ちも葛飾柴又のフーテンの寅です
8. 部活一筋の高校生活でした
9. 村上春樹が好き・嫌い
10. 本は読まない
11. 映画も見ない
12. 芸能人の○○が好き
13. 音楽は××が好き
14. アニメは嫌い
 ⋮

　このときに、見た目について、どこぞの防衛大臣のように言及する必要はありません。外見は見ればわかるのです。他者や自分の外見について不用意に言及することは、自己愛に満ちた人と評価されたり、ハラスメント等にとられかねないので避けるべきです。

　さて、もう一度自己紹介をしてみましょう。メモを見ながらでも構いません。一人につき３分間を目標とします。具体的に語れば、それを聞いた他者がいろいろと理解してくれるのです。それが豊かに自分を語ることなのです。自己は本来多様なもので、具体例を交えて語れば、その人がどんな人か他者に自然に理解されるのです。

§2　感じたこと・考えたことを話し合ってみよう
　　　―グループワーク―

📄 課題
次の短い物語を読んでください。

暗い北の海で、たいそう大きくて立派な客船が恐ろしい氷山に横腹を掠（かす）ってしまいました。掠ったといっても、それは船の外郭を構成する鋼板を打ち破るには十分な打撃で、氷山の開けた破孔から冷たい海の水が流れ込み、防水区画はいともたやすく崩壊し、船の浮力はあと十数分で失われるのでした。

　なんということでしょう。救命ボートは乗客の3分の1にも足りません。乗客は我先に救命ボートに乗ろうとしました。冷たく暗い北の海では、救命胴衣で浮かんでいでも10分ほどで体温を奪われて死んでしまいます。まず、子どもと女性が優先されて救命ボートに乗せられました。そして、あと1人だけ乗り込むことができることがわかりました。5人の男が、迫りくる死を避けるために自分を乗せるように主張しました。

　若者A：僕を乗せてくれ。あそこには僕の婚約者がいるのだ。僕が死ねば彼女はこれからどうやって生きていけばよいのか。愛する彼女を残しては死んでも死にきれない。どうか僕を乗せてくれ。
（彼女も泣きながら彼を乗せてくれと頼むのでした。）

　中年男B：俺を乗せてくれ。その若い男がいなくても、若い女はこれからどうとでも生きていける。でも、俺が帰らなければ、俺の3歳の一人娘は、母親とも死に別れているからとても生きていけないだろう。後生だから、俺を乗せてくれ。娘が俺を待っているんだ。

　船長C：私が乗るべきだ。この暗い海をこれからどこへどう進むべきかを指示できる最良の選択だからである。私が乗らなければ、せっかくボートに乗ることができた人々の命が救われるかもおぼつかない。

　船員D：船長に騙されちゃいけませんぜ。船長なんぞにオールを漕いで救命ボートを操ることなんかできねー。あっしのほうがずーっと役に立ちますぜ。船長は船と共にするのが習わしでさ。

　男E：私は死にたくない。みんなそれぞれいろいろな理由があるのだから、誰がボートに乗るかは、希望者のうちからくじ引きで決めるべきだ。

まず、自分で5人の主張の妥当性に順位をつけてください。

次に、グループの他のメンバーの順位を、一人一人に理由を明らかにしながら発表してもらって記しておきます。それから、グループで話し合ってグループ全体の順位を決めます。この際には納得がいくまで話し合ってください。自分がそのように思う理由をとことん述べてください。多数決などはしないでください。＊巻末の用紙を使って提出すること

	順　位						グループの順位
	自分						
若者A							
中年男B							
船長C							
船員D							
男E							

＊紛糾して困ったら、次ページ下の◆をみること

あなたは論理的にあなたの考えを他者に伝えることができましたか。反省点を含めて気付いたことを書いてみましょう。

（　　　　　　　　　　　　　　　　　　　　　　　　　　　　　　　　　　）

あなたは、あなたの感情的な評価を他者に伝えることができましたか。反省点を含めて気付いたことを書いてみましょう。

（　　　　　　　　　　　　　　　　　　　　　　　　　　　　　　　　　　）

§3　手紙を書く

　近年は手紙を書くという習慣が薄れたといわれます。ツイッターのようのものは、短い一言なので文章を書く修行にはなりません。ここでは、高校の担任の（担任であった）先生に近況報告するという手紙を書いてみましょう。

　手紙は、文章に一定の形式があります。堅苦しくなく自由に書いたほうが本人の気持ちが伝わるのだという考えもあるでしょうが、本書の立場はそれとは異なります。自由はそれ自体では意味がありません。文章を書いたことのない皆さんは、自由に書いていいと言われても書けないでしょう。型を学び、そこから外れることで書き手の自由が生じます。古来の日本の芸道がすべて型から入るのは、その原理があるからです。自由は規則の拘束があってはじめてあり得るのです。ピカソの抽象画も幼少期からの卓越したデッサン力があるからこそ傑作なのです。

　レポート、論文というアカデミックな文章は、型があり規則があります。それに則って書く技術が必要です。手始めが手紙です。

　手紙は、まず相手と自分の関係に対応した「頭語」を書き、その次に改行して「前文」としての時候の挨拶、そして改行して「本文」へと進みます。改行して「末文」として結びの言葉、改行して「結語」、さらに改行して「後付け」日付を記し、改行して「署名」します。

◆この問題には正解などありません。皆さんがどのような考えをどのように他者に伝えられるかということの練習です。

> ○○　△△先生へ
>
> 　　謹啓（先生は目上なので「拝啓」より好ましい）
> 　風薫る五月となりました。先生はいかがお過ごしですか。私の後輩たちの教育にお忙しい日々をお過ごしのことと存じます。
>
> 　私は、先生にお勧めいただいた○○大学で、普通の大学生の生活を送っております。大学の科目は、先生もご存じのように、高校の時と違い自分で選択するのですが、××学部△△学科に入学しても、1年生の時には専門の科目はあまり履修できず、語学や総合基礎科目が多いです。
>
> 　大学の先生とは、授業外にあまり会う機会もなく、高校の先生は面倒見がよかったのだなと改めて感じます。……
>
> では、先生もお元気でお過ごしください。
>
> 　　　　　　　　　　　　　　　　　　　　謹白（謹啓に対応する）
>
> 平成29年5月15日
> 　　　　　　　　　　　　　　　　　　　　　　　　　○田○男
>
> ○○高校
> ×橋○也先生

（前文／本文）

課題

あなたの高校の先生に、ルールに則った手紙を書いてみましょう。前文も例とは違うものとしましょう。また、本文は自分で考えましょう。

§4　マークアップ言語－現代的な定型的文章－

　手紙は、定型的な文書の基本形を備えています。今日、SGML（Standard Generalized Markup Language）などのマークアップ言語があることは、学生たるもの知っておくべきです。

　SGMLは当初はマニュアル作成のために定義されたマークアップ言語です。アカデミックな世界でも、ビジネスの場でも、定型的な文書がよく使用されます。定型的な文書とはドキュメントの種類に応じて文書の構造が定義されてい

ます。読み手は、その構造を熟知していれば、要領よくその内容を理解することができます。たとえ読み手がその構造を熟知していなくても、きちんとした構造のある文章は読みやすいものです。

代表的なマークアップ言語として、Webページを記述しているHTML（Hypertext Markup Language）があります。HTMLは<...>というタグと呼ばれる記号で文章の構造を明示します。ブラウザやパーサはこれらの予め定義されたタグを解釈し、整形して我々に見やすく提示します。簡単な例を示します。

```
<html ...>     最後の</html>とペアになっています。タグは開始タグと終了
               タグのペアで使うのが原則です。
<head>         header部分は文章の内容をメタ定義するところです
  <title>      ここには文書のタイトルを記入します。
  </title>
</head>
<body>         ここから本文
  <p>          paragraph（段落）の定義
  </p>
  <table>
  </table>
  <p>
  </p>
  <a href="http://www.abc-u.ac.jp/html/abc.html">ABC大学へリンクします
  </a>
</body>
</html>
```

これらのマークアップ言語は、印欧語の構造を押し付けるものだとかいう批判もありますが、構造のある文章は、読みやすくわかりやすいと同時に、書き手の論理的な思考を促すものです。ですから、レポート、レジュメ、論文など、大学生がこれから書かねばならない文章の多くは、そういう構造を意識して書くべきだと思います。これはビジネスシーンでも必ず役に立つでしょう。

課題

SGMLについて調べなさい。

第4章　論理的コミュニケーション

　大学は、論理的なコミュニケーション能力の育成を教育目標としています。では、"論理的なコミュニケーション能力"とはなんでしょう。皆さんが通常行っているコミュニケーションは、「このような事件が起きてショックで、とっても心配になりました」というような、多分に感情的で脈絡のないものです。それでは、共感を得ることはできても、論理的に必要なことを説明して他者を納得させることはできません。

　論理性は鍛えなければ身に付きません。必要なときには論理的な議論ができることをめざして、この章では訓練します。

§1　論理的な意見とは

　1年生にコメントなどを割り当てて発言させると、「私は…なんてとても恐ろしいと思いました。」、「…はよくないことだと思います。」というような発言が多く聞かれます。価値に基づく評価は我々が日常的に行っていることですが、社会科学の論理的なコミュニケーションには邪魔になるものです。まず、良い悪い・好き嫌いなどの感情的な判断から離れてください。

　多くの社会現象は、よかれ悪しかれ生じたことです。善悪の判断は別にして、どのような状況でどのような原因でその社会現象が生じたか—つまり因果関係を問うこと[1]が、論理的コミュニケーションには必要なのです。

　では、まず"因果関係を述べること"とはどんなことでしょう。因果関係とは「原因−結果」のペアを考えることです。以下の3つの主張（命題）を考えてみましょう。どれが因果関係を述べているでしょうか。

　① 受験生の減少は、私立大学の経営環境を悪化させている。
　② AIの発展は、人工知能が将棋や囲碁で人間を超える結果となった。
　③ 箱根で外国人観光客が増加して、ゴンドラ内で外国語が飛び交っている。

正解は①です。他はトートロジー（同義反復）と言われる主張で、因果関係について述べてはいないのです。「AIの発展」と「人工知能が将棋や囲碁で人間を超える」は同じことです。ですからこれは因果的な命題ではありません。文章表現に惑わされてはいけません。

　因果的な命題をきちんと提示できることは、何もアカデミックな領域だけのお遊戯ではありません。企業に勤めて新しいビジネス・プランや新商品の企画を提案するときには、原因としてこのプランを実施したらどのような結果がもたらされるのか、会社の上司・同僚に論理的に説明できなければなりません。もちろん企業では、最終的な結果は収益をあげることになります。聞き手がその因果的な命題の論理に対してもっともだと納得してくれなければ、プランは採用されないでしょう。

　そういう理由からも、我々はこれから相手に論理的に理解される因果的な命題を提示することを目指しましょう。

§2　相手を納得させる命題とは

　これから相手に自分の意見を主張しようというときには、その因果的命題について、確かにかつ幅広く知ることが重要です。事実の正確な把握がなくては論理的には語れません。

　ここでいう"事実の正確な把握"とは「Webページに書いてあった」というのではまったく不十分です。「本に書いてあった」でも駄目です。Webページや本には誤った情報や偏った考えが氾濫しています。どこの誰のどんな意見か、それはどんなデータを根拠として述べられているかを十分に説明でき、どうしてそれを信用してよいかを<u>論理的に</u>[2] 説明できなければならないのです。

　イギリスがEU離脱を決めた2017年6月の国民投票の前、イギリス独立党の党首のファラージは「毎週、3.5億ポンドがEUに支払われている。EUを離脱してこのお金を医療サービスに充てよう」[3] と至る所で頻繁に語っていましたが、この3.5億ポンドという数字は正しくありませんでした。誰かが言っていたというのは論理的な論拠になりません。

　正しい情報を把握することは困難です。「私はうそつきです」と言ってうそをつく人はいないのです。反対にうそつきはどんな"本当"も語り得るのです。正直者は正直であることを証明できないが、うそつきは正直者であることのど

んな証明でもなし得る。悲しいかな、それが現実です。そのなかで、我々はどうやって事実を正確に把握できるのでしょうか。

　マニュアルはないのです。これだけは経験を積んで感覚を鍛えるしかありません。これが学習なのです。そのためのテクニックについては第6章の文献検索などを参考にしてください。ただしセンスは皮膚感覚のようなもので、ゼミなどの試行錯誤で体験していくしかありません。とはいえ、この章で少し練習してみましょう。

課題

「青少年の凶悪犯罪が増加しているから、少年法の改正が必要だ。」

　この主張は「青少年の凶悪犯罪が増加している」という前提で主張されています。これは事実として正しいでしょうか？　青少年の凶悪犯罪が増加していなければ、この主張は崩れます。何を調べたらよいでしょうか。

§3　因果命題の検討

　近年のホットな話題である格差問題、貧困問題、あるいは中間層の没落と呼ばれる現象を取り上げてみましょう。先ほど取り上げたイギリスのEU離脱派やアメリカのトランプ大統領は、「発展途上国や紛争国からの移民が自国民の貧困や没落をもたらした。だから、自国民ファーストで政治をやるんだ。そうしたら、また元のように豊かになれるんだ」と主張して選挙に勝利しました。つまりここでは、

　　　　原因：移民の流入　⟶　結果：先進国の社会問題
　　　　　　　　　　　　　　　　（格差問題、失業・貧困問題、あるいは中間層の没落）

という因果命題が彼らによって主張されています。

　因果関係の検討は以下の諸点から行います。

1．原因が結果に先行していなければならない。この当たり前の原則は、正しい因果推論にとても重要です。
2．原因は結果の十分条件となっていなければならない。
3．その他のよりもっともな原因がないか。

1）原因の時間的先行性

　論理的にコミュニケーションするときには、統計データはとても重要です。統計の素養があるかないかで、論理的な説得力が大いに異なります。事実の正確な把握のための一つの重要なアイテムが統計的なデータの活用です。

　アメリカ国勢調査局（U. S. Census Bureau）のデータ[4]によると、第2次大戦以降アメリカへの移民は一貫して増加していました。特に今トランプ大統領によってターゲットにされているメキシコからの移民は、1941-1950年の6万人が、次の10年には30万人近くに増加しています。この時期にアメリカの中間層は仕事を奪われて没落したのでしょうか。1950〜60年代には、アメリカはベビーブームを背景に空前の繁栄を享受していたのです。海外からの安い労働力はそうした繁栄を支えたのでした。

　つまり「移民が移民先住民の職を奪う」なら、1950年代には既に失業問題がアメリカに生じていてもおかしくはないのです。原因とされる要因はずいぶん前に生じているのに、結果は生じていないのですから、移民流入は失業という結果の原因であるという因果推論は怪しいものです。

2）必要条件／十分条件

　移民が流入すれば失業・貧困問題が必ず起きるという関係が成立するなら、そのとき、移民は失業・貧困問題の「十分条件」であると言います。たとえば、卒業要件単位の取得は卒業の十分条件ですが、入学は卒業の必要条件でしかありません。

　ところで、日本は難民・移民を受け入れてきた国と言えるでしょうか。現在わが国で移民とカウントされる人々の数は、2015年に223万人ほどです。2015年10月1日の推計人口は1億2,708万3,000人ですから、総人口の約1.75％が移民となります。一方、アメリカは2010年のデータでは、Foreign born と分類される人々が12.9％もいます。海に囲まれた島国という事情もあるのかもしれませんが、日本は先進国のなかでも移民・難民の受け入れに消極的だと国際的に非難されるほど、諸外国と比べれば移民は少ない国です。

　さて、移民が自国民（native）の失業の原因であるという因果推論が正しいなら、日本では貧困問題・失業問題はほとんど無いと因果的に推論できます。事実はどうでしょう。わが国においても、格差問題、貧困問題、中間層の崩壊は深刻な社会問題と化しています。労働者の4割が非正規労働者であり、正規労働者も過酷な待遇で奴隷のように働き過労死することもある貧困社会です。

スウェーデンは国民一人当たりでは最多の移民を受け入れていました。近年はさすがに多すぎて負担増が問題化しているようですが、北欧型の高福祉社会であるため、国民の格差問題、貧困問題、中間層の崩壊は生じていませんでした。つまり、移民が多いことは失業や貧困の十分条件ではないと推論することができます。

3）他のもっともな要因の存在
　ある現象の原因は複数あり得るものです。その重要性もそれぞれ異なるものです。論理性とは、そういう事情に気づき、それらを適切に説明できることでもあります。
　自国民の貧困や失業という問題の原因とは何でしょうか。

　　原因：新保守主義の経済政策　⟶　結果：先進国の社会問題
　　　　　　　　　　　　　　　　　　　（格差問題、失業・貧困問題、あるいは中間層の没落）
　　　　　移民の増加 ↗

　1980年代以降、新保守主義の経済政策にシフトした先進国のどれも（アメリカ、イギリス、フランス、ドイツ、日本）が、貧困問題や中間層の崩壊に直面しています。EU諸国やアメリカの貧困問題、中間層の没落は、1980年代に新保守主義の経済政策が採用され、規制緩和の名の下で労働者の権利が縮小され、社会福祉が後退したことと共に始まると考えることもできます。移民の増加は新保守主義の浸透と並行していたため、因果要因とみなされたのです。
　世界規模の資本主義の競争は、安い労働力を求めて、さらなる移民労働力の雇用のためにルールを変えたのです。EU諸国やアメリカの貧困問題、中間層の没落は当時の政府の政策に端を発するもので、やってくる難民が今働いているアメリカ国民を失業者にできるはずがないのです。失業者を作る結果をもたらす意志決定ができたのは、アメリカ政府と企業経営者たちです。そういう政府の政策への怒りがトランプ大統領を誕生させたのでしょうか。
　「安い移民労働者がいなければ、自分は職にありついていたかも」というのは、因果関係を無視した、自分に都合の良い失業者の空想です。人間の脳は自分に都合がよいように時間順序を入れ替えたりする悪癖があるのです。ここで練習問題をやってみましょう。

📄 課題

「ゆとり教育が深刻な学力低下をもたらした。」

この主張を因果命題として分析し、その是非を検討しなさい。「ゆとり教育」はいつから導入されて、本当に深刻な学力低下をもたらしたのかまずチェックすべきです。どうやって調べたらよいですか。他により重要な要因はありませんか？

§4 帰納法と演繹法

1）帰納法と反証

すでに私は、半ば無意識に、前節で帰納法を使っています。「新保守主義の経済政策にシフトした先進国のどれも（アメリカ、イギリス、フランス、ドイツ、日本）が、貧困問題や中間層の崩壊に直面しているのです」と書いていますが、これが具体例です。

帰納法とは、個別具体例を列挙して、ある命題を主張する方法です。因果関係を推論してある法則性を発見するときに使用する論理の方法です。

数学者の高木貞治は、『近世数学史談』で次のように語っています。

> 「特殊から一般へ！　それが標語である。それは凡て実質的なる学問に於て必要なる条件であらねばならない。数学が演繹的であるというが、それは既成数学の修行にのみ通用するのである。自然科学に於ても一つの学説が出来てまえば、その学説に基づいて演繹をする。しかし論理は当り前なのだから、演繹のみから新しい物は何も出て来ないのが当り前であろう。若しも学問が演繹のみにたよるならば、その学問は小さな環の上を永遠に周期的に廻転する外はないのであろう。我々は空虚なる一般論に捉われないで、帰納の一途に精進すべきではあるまいか。」（p.69）

つまり、帰納法は、新たなる発見のためにあるのです。創造的知性は、帰納法を磨かねばなりません。

帰納法はただ一つの反証によって覆されるとよく言われますが、本当はそうではありません。「あのカラスも黒い、このカラスも黒い、向こうのカラスも黒い、…」だから「カラスは黒い鳥だ」というのが帰納法です。これは「一羽の白いカラス」が見つかれば反証されると言われますが、実際見つかったとし

ても突然変異体として扱われ、「カラスは黒い鳥だ」という命題は保持されるでしょう。

科学哲学者のK.ポパーは、科学はこれまで反証されていない仮説の集合体だと主張したのですが、科学者も学者もただ一つの反証程度で通説を捨て去ることはまずありません。反証は例外扱いにして、むしろ通説を後生大事に守ろうとするのです。

私は前節で、「移民の少ない日本でも貧困・失業問題があることは、移民が自国民の貧困・失業問題の原因であるという仮説の反証である」という趣旨を書きましたが、移民が自国民の貧困・失業問題の原因であるという主張を繰り返す極右政党の指導者や支持者たちは、そういう事実は無視するでしょう。日常生活において、人間は「見たくないものは見ない」ものなのです。

しかし、論理的なコミュニケーションをする際には、帰納の方法を見つめ、反証に心を開くことが大切です。ひとまず自分の価値観をカッコにくくって反証可能性を検討することが論理的態度です。論理的コミュニケーションとは、反証可能性を常に意識するコミュニケーションであると言っても過言ではありません。

課題

次の因果命題を帰納法で考えてみましょう。
「女性の社会進出が出生率の低下をもたらした。」
① 日本では、女性の就業率が高まるとともに出生率も低下した
② 韓国では、女性の就業率が高まるとともに出生率も低下した
③ 中国では、女性の就業率が高まるとともに出生率も低下した
④ シンガポールでは、女性の就業率が高まるとともに出生率も低下した
⑤ フランスでは、
⑥ フィンランドでは、
⑦ アメリカでは、
⋮

2）演繹法－帰謬法

一方、演繹法は、一般原理を仮定して、そこからある命題を導く論理の方法です。先ほどの例では、「新保守主義の経済政策により、貧困・失業問題が深刻化する」ということを一般原理とすれば、「日本は新保守主義の経済政策に

1990年代にシフトしたので、貧困・失業問題が深刻化した」という論理です。

　この演繹法の正しさは、一般原理という仮定の正しさに依存しています。たとえば、新保守主義の経済政策のひとつである「富裕層や企業に対する所得税減税」の妥当性は、「富裕層や大企業への減税分は、投資や結果としての経済成長としてトリクルダウンし、結果的に社会のすべての人々にいきわたる」という、新古典派経済学の根拠薄弱で楽観的なセオリーに基づいています。富裕層や大企業への減税は社会のすべての人々にいきわたっていません。ですから、新古典派経済学のセオリーは破綻しているのです。

　一般原理から導かれる結論を仮定し、その結論が誤っていることから一般原理を否定する論理のテクニックは、演繹法を逆手に取った「帰謬法（背理法）」と呼ばれるものです。

　この帰謬法は、数学においては古典的論理法で、ユークリッドによる素数が無限にあることの証明でも使用されています。少し紹介してみましょう。

　素数は有限だと仮定します。それゆえ最大の素数以下のすべての素数の積である数を p とします。ここで $p+1$ という数を考えます。$p+1$ はどの素数でも割り切れません。それゆえ、この $p+1$ は素数です。これは最大の素数を仮定したことと矛盾します。よって仮定は誤りだということになるのです。

　ここで以下の命題を考えてみましょう。

「新保守主義の経済政策を取らなければ、失業問題は深刻化しない。」

　貧困や失業という社会問題の要因が政府の経済政策にのみ依存するなら、この因果命題は正しいかもしれません。しかし残念ながら経済政策のみが貧困や失業の原因ではないのです。原因が一つであることはむしろ稀です。

　技術革新による産業構造の変化が、多くの労働者の職を奪う原因であることは見逃せません。かつて産業革命のとき、「ラッダイト運動」という騒動が19世紀の初期にイングランドで起きました。機械化された自動織機により職を失うことを恐れた職人などの労働者たちが、機械を破壊した事件です。逮捕された労働者達は死刑に処されました。

　21世紀の今日、同様の問題が我々を襲っています。生産ラインの自動機械は、熟練・半熟練の労働者を無用にしています。コンピュータが取り入れられたオフィスでは、いろいろな作業が自動化され、かつての事務労働者の多くは不要になりました。かつて社会の中間層を構成したホワイトカラーやブルーカラー

の仕事は激減したともいえます。技術革新＝イノベーションが追求されればされるほど、人は不要になり、人件費も低下圧力に晒されるのです。

　この技術革新という止めようのない必然的運動が先進国の貧困や失業という問題の要因としてあることは、疑い得ないことです。今日、「ネオ・ラッダイト運動」ということばもあるくらいです。このように因果関係は、社会科学においても、人間の意図的な行為のみに起因するものではありません。因果関係について、何が必要条件か十分条件かを問いながら論理的なコミュニケーションを行うことは、現実への認識を深めることなのです。

　わが国では労働力不足が懸念されるのですから、AIが失業の十分条件となることもないでしょうか？

§5　実践 論理的コミュニケーション
－グループ・ワーク－

課題1
原爆投下の因果関係を論理的に説明しなさい。

課題2
（ストラスフォードの）シェークスピアは、本当のシェークスピアではなく匿名の本物がいる、という仮説と論拠を調べなさい。

注
1) 感情的・道徳的な評価をひとまず控えて因果関係の認識を深めようという姿勢を、「価値自由（Wertfreiheit）」と言います。著名なドイツの社会学者M. ウェーバーが『職業としての学問』で主張したことです。
2)「論理的」というのは自己言及的 paradoxical な命題です。何が論理的かを論理的に説明するのは困難ですが、非論理的ならなんでも論理的ということができます。
3) 東洋経済オンライン 2016 年 6 月 27 日「離脱派を先導した「英国独立党」の危険な素顔」（http://toyokeizai.net/articles/-/124560?page=5）
4) The Foreign-Born Population in the United States: 2010（https://www.census.gov/prod/2012pubs/acs-19.pdf）

参考文献
マックス・ウェーバー著／尾高邦雄訳,『職業としての学問』, 岩波文庫, 1980.

高木貞治,『近世数学史談』, 岩波文庫, 1995.

カール・R・ポパー著／大内義一・森　博訳,『科学的発見の論理　上・下』, 恒星社厚生閣, 1971・1972.

ポール・K・ファイヤアーベント著／村上陽一郎・渡辺　博訳,『方法への挑戦－科学的創造と知のアナーキズム－』, 新曜社, 1981.

第5章 ノートの取り方

§1 高校と大学におけるノートの位置づけ

　皆さんは小学校・中学校・高校でノートをとってきたことと思います。きっと、計算された板書を先生がされて、それを写していたのではないでしょうか。大学の先生は、完璧な講義ノートやPowerPointのスライドを作って配布する人もいれば、思い付きで講義を進める先生もいます。私は「講義ノート＋思い付き」派として講義するので、結構重要なことを思い付きでしゃべっています。ノートを読み上げるだけの講義は、講義するほうも退屈ですし、魅力にも欠けます。ですから、大学でのノートテイクは、板書の写しだけでは足りません。

　多くの教員は、どんなに詳細を極める講義レジュメを配布するとしても、どこに自分はメリハリを置くかを口頭で語るものです。ですから、レジュメをもらったら安心して寝るのは不心得です。授業を聞いてメモを付け足さなくてはなりません。

　では、何を付け加えたらよいのでしょうか？　それは、あなたが聞いていて重要だと感じたことです。ノートは感性で書くものでしょう。試験の時は、何が重要かのノートテイカーのチェックが効いてくるのです。

　大学の講義は、聴いていてすぐにわからないこともあります。何がわからなかったかを書き留めておくのも大切です。昔、「わからせる授業」とかいうスローガンが流行りましたが、そんなものは嘘っぱちです（スローガンはだいたい嘘くさいものです）。すぐにわからないことの方が重要なことが多いのです。

　"わからないことをわかること"が真の知であるというのは、ソクラテス以来の真理です。文部科学省の規定の趣旨を酌めば、わからないことを調べるために授業後の復習が0.5コマ分あるのです。ですから、何がわからないか記録しておくことも重要です。そして、後から、わかったことを付け加えなければなりません。ですから、ノートには大きな空白が必要なのです。ことによった

ら、1ページほどの書き足しもあり得ます。ですから、大学ノートだけではなく、ルーズリーフやレポート用紙を綴じるという選択肢もあるのです。

そして、講義は疑問をもって批判的に聴くものです。今「アクティブ・ラーニング」という言葉がもてはやされていますが、大人数の講義であろうとも、聴き手が疑問と批判的精神をもって聴講すれば、そこにアクティブな問いと答えの掛け合いがあるものです。教室の椅子と机の配置は見かけにすぎません。

講義は、通説を中心になされます。標準的な教師なら、そこに教員自身の批判的な視点を追加して味付けするものです。先生はどこまでを通説として、どこを批判したのか、それらについて自分はどう考えるのかをメモできれば、ノートテイクの上級者です。

§2 実戦 ノートテイク

課題

これから20分程度の小講義を行います。皆さんはノートを取ってみてください。できれば§1の注意点を思い起こしながらノートを書いてみてください。取ってみてから、チェックしてみましょう。

では、以下の諸点に従い自己評価してみましょう。

---

1. ただの板書を写しただけのものか。ただの板書だけなら　－10点
2. 先生の強調点がわかるようになっているか。アンダーラインや色付けがなされているか　＋10点
3. 自分のわからなかったことや疑問に思ったことがメモされているか　＋10点
4. 上記に関して、後に書き込みを追加できる適切な空白が取られているか　＋10点
5. 通説と先生の意見の違いがわかるか　＋10点
6. 自分なりの批判的な考えが追加されているか　＋10点

合　計　＿＿＿＿＿＿＿点

いかがですか。自分のノートに何が足りないか反省する機会になったとは思います。50点満点はそうとれるものではありませんから、点数が低くても失望することはありません。

§3　ノートの添削−グループワーク−

課題

　今度は自分で自分のノートを添削してみましょう。大きめの付箋と蛍光ペンを準備しましょう！

第6章 文献検索

　文献検索は学生にとって必須の知的な技術です。必要な文献をどのように探せばよいのか、探した文献をどのように利用するのか。それらについての適切な知識は、社会人としても必要です。特に、著作権法に違反しない、研究倫理規範に則ったそれらの利用の仕方をこの章で学びます。

§1　文献検索の必要性

　我々の知的な活動は、先人たちの知的活動を基礎として行われています。皆さんが思いついたことは、たいてい先人の誰かが思いついて、より深い考察を加えていることがほとんどです。そこから始めなければ、ただの「夜郎自大」です。よしんば先人の言説を批判するとしても、それがどのように述べられているかを、正確かつ適切に引用することができなければなりません。

　インターネット時代の現在、多くの Web 上の文書が溢れています。しかしその中で引用に値するものはわずかです。どのような文献が引用に値するかを考えてみましょう。

　私の知り合いのあるベテラン研究者は、学会の研究報告を聞くときに、まずレジュメの後ろの参考文献リストを読んでいました。つまり、参考文献リストを眺めるとその人がどのような勉強をしてきたかがわかる、とそのベテラン研究者は考えているのです。ある研究課題・テーマについての適切な文献リストを作ることができれば、学生として水準以上です。

　アメリカでは、博士論文（Dissertation）には、一定数以上の項目を含んだ文献リストが事実上要求されていると聞きます。これらの風潮は行き過ぎると害毒ですが、ある程度の勉強の証として文献検索が必要とされているのです。

　ところで文献とは何を指すのでしょうか。

　① 書籍

② 学術雑誌の論文・研究ノート
③ Web ページ
④ 出版物でない印刷物：学会の報告要旨集や研究報告書など

引用に値するものは文献の種別にあまり依存しないのが悩ましいところです。研究者である私は②がよいと答えたいのですが、必ずしもそうではありません。引用に値するか否かは、結局読んでみて、誰がどんなことを言っているかで判断するしかないのです。

それを適切に判断できれば本書を読む必要などないのですから、何らかの指針が必要です。私がよいと思う具体的な方法を以下に示します。

§2　文献検索の具体的な方法

文献検索において、まず Web でキーワード検索して、ヒットした文献を読んでみるという方法は勧めません。学問の世界では、モード（最頻値）は必ずしも正しい解答ではないのです。

まず、対象の分野の現在の標準的な文献を一つ探すことです。それは Web 検索ではできません。それは現在の Web 検索が、基本的には多数決のようなアルゴリズムで作られているからです（昔の Yahoo のディレクトリ型はそうではなかったのですが、ロボット型に敗北しました）。

1）標準的な文献の探し方
① 教科書の参考文献を使用する。

現在の標準的な文献は、『○○概論』とか『○○原論』とかいう題の教科書の該当章の文献リストの先頭にあるものが、それである可能性があります。それも 50 音順等で並べられていると役に立ちません。良い『○○概論』とか『○○原論』という教科書は、読むべき文献を丁寧に紹介しています。

② 研究者から探す

また、他ならぬその章の著者が現在の標準的な文献を書いている可能性もあります。まず、その分野の研究者を探すのです。研究者を探すには、次の２つの方法があります。

第一の方法は、教科書の執筆者から探すこと。

第二の方法は、『○○学辞典』の該当する項目を引くことです。もちろんその内容も大切ですが（コピーを取っておくべきです。ページ数も含んでコピーしてください）、その項目の著者名が目標です。辞典の項目の著者は、多くの場合はその分野のエキスパートです（これもそれほど信頼はできないこともあります）。その著者名でOPAC検索してください。著者がよい研究者なら専門的な学術書や論文を書いているでしょうし、啓蒙書として「新書」などを書いているかもしれません。

　この方法の場合、『○○学辞典』が比較的新しいことが大切です。出版された時期が古いと、内容も時代遅れになり、編著者が故人となっていることもあります。

　研究者の名前がわかると、この研究者名でWeb検索してみましょう。「○○○○-研究者-researchmap」という項目が出てくるはずです（便利になったものです！）。このリンクからWebページを見ると、この分野の関連する研究者が出てきます。今筆者のページを見たところですが、関連する研究者もそうでない研究者もリストアップされています。データベースはそれほど正確な知識ではないのです。業績などを評価しながら、該当すると思われる研究者達の業績などを検索すれば、その分野の雰囲気をつかむことができます。

③ Webcat Plusなどのデータベースを使う

　連想検索機能を持つWebcat Plus等のデータベースを使って、文献検索するという方法もあります。

> 「Webcat Plusは、国立情報学研究所（NII）が提供する無料の情報サービスで、江戸期前から現代までに出版された膨大な書物を対象に、そこに記憶された知の集積を自由に探索できる思索空間の実現を目指しています。全国の大学図書館1000館や国立国会図書館の所蔵目録、新刊書の書影・目次DB、電子書籍DBなど、本に関する様々な情報源を統合して、それらを本・作品・人物の軸で整理した形で提供しています。現状、データの精度はまだまだ不十分ですが、将来的には、ウェブ上に確かな知識の基点を提供する公共財としての情報サービスを目指します。」
>
> （出所：http://webcatplus.nii.ac.jp/faq_001.html#pid001）

　国立情報学研究所（NII）が自ら上記のように認めているように、データの精度はまだまだ不十分です。Web検索エンジンのキーワード検索もそうです

が、この十数年の間に自然言語処理やテキスト処理において飛躍的な進歩があったと言われているのですが、これらの機械的なデータ処理はそれほどのものではないのです。AIの進歩が喧伝される今日この頃ですが、状況が革命的に改善されるとは思えません。

ですから、上記の①や②の方法には及ばないと思われるので、それらの方法がうまくいかないときや補助的に③の方法を使うことをお勧めします。

この検索の過程で、文献目録（Bibliography）を作ります。これは卒業論文やレポート末尾の付録（Appendix）となるものです。

§3　文献目録の作り方

文献の種類に応じて、記録すべき情報がそれぞれ違います。それは、いざその文献を調べようというときに必要とされる情報がそれぞれ違うからです。

① 書籍
　　著者名、『書名』、出版社、出版年の4情報が必須です。引用するなら引用箇所のページ数。ISBNコード（最近はこれがあると便利です）
② 学術雑誌の論文・研究ノート
　　著者名、「論文タイトル」、『掲載雑誌名』、巻号、ページ数、出版年、doiコード（デジタルオブジェクト識別子 Digital Object Identifier。最近ジャーナルなどが電子化されたことにより、これが付加されるようになってきました。インターネット上のドキュメントに恒久的に与えられる識別子です。例えば、10.1080/0022250X.2011.556917 のようなものです）
③ Webページ
　　著者名、URL（uniform resource locator）、参照年月日
④ 出版物でない印刷物－学会の報告要旨集や研究報告書等－
　　著者名、「論文タイトル」、学会名・研究代表者名等、ページ数、印刷年

日本語の文献ではなく、英語等の文献の場合は同じような項目ですが、印欧語独特の表記となるので、§4以下の例を参考にしてください。

文献目録をきちんと作成することは勉強の証（あかし）ですが、これから述べる著作権に関する配慮の基本でもあります。

> 課題

ある論題（教員指定、たとえば「ポスト・モダン」など）に関する文献目録を作りなさい。ただし、文献数は 10 以上とすること。また Web ページは 3 以下にとどめること。とりあえず、五十音順に並べなさい。

この課題は、ワープロなどで入力することが望ましい。電子化した文献目録は検索等が使用できるので便利であり、追加も容易だからである。

§4 著作権―正確な引用と適切なその分量―

1）正確な「引用」のすすめ

すでに述べたように、勉学というものは先人たちの研究の上にあります。ですから、先人たちの研究に敬意を払いその権利を尊重することは、勉学のマナーです。そしてさらに重要なのは、研究というものは、先人達の研究・著作物を批判し、著者独自の新たな知見を付け加えるものだということです。このときに、批判対象たる先人たちの研究・著作物は、<u>自分の意見と区別されて正確に引用されなければなりません</u>。これが、著作権を尊重することの第一の必要性なのです。

2020 年の東京オリンピックのロゴ騒動で多くの人が著作権について理解していなかったことが露呈しましたが、著作物はそれが著作された時点で自動的に著作者に著作権が生成します。この権利はベルヌ条約という国際条約で、加盟国間では世界規模で保護されています。保護期間は、著作後から著作者の死後 50 年間です。

わが国の著作権法は、第 2 条で「著作物　思想又は感情を創作的に表現したものであつて、文芸、学術、美術又は音楽の範囲に属するものをいう。」と定めています。単なるデータには著作権は認められていませんが、勉学においては関係するすべてのものに著作権があると考えるべきです。

著作者の権利としては、Copyright に象徴される財産権もありますが、勉学・研究においては、著作権法の第 17 条から第 20 条までに記されている「著作者人格権」が重要です。著作者人格権は「公表権、氏名表示権、同一性保持権」の 3 つの権利からなりますが、特に「同一性保持権」には注意すべきです。

レポートを書くときに、どこかの Web ページをコピーして「てにをは」を

少し変えるなど表現を少し変えて使ったら、それは「同一性保持権」の侵害に当たります。これを「剽窃」と言います。丸写しすれば著作者財産権の一部である「複製権」の侵害であり、これを「盗用」と言います。これらは、本来の著作者ではない者が著作者を詐称しているのですから「氏名表示権」の侵害でもあります。ちなみに著作者人格権の侵害の罰則は、「五年以下の懲役若しくは五百万円以下の罰金に処し、又はこれを併科する。」と第119条で定めています。また、著作権侵害のレポートには単位が出ることはありません。

　著作権法の趣旨は、著作者の権利を何から何まで認めるものではありません。著作権法冒頭の以下の第1条に定められているように

　　この法律は、（前半省略）著作者の権利及びこれに隣接する権利を定め、これらの文化的所産の公正な利用に留意しつつ、著作者等の権利の保護を図り、もつて文化の発展に寄与することを目的とする。

というものですから、著作権法第32条で

　　公表された著作物は、引用して利用することができる。この場合において、その引用は、公正な慣行に合致するものであり、かつ、報道、批評、研究その他の引用の目的上正当な範囲内で行なわれるものでなければならない。
　　　　　　　　　　　　　　　　　　　　（アンダーラインは筆者による）

と定めているように、勉学・研究における「引用」は許されています。その際に、「引用」の形式が大切なのです。文献目録を作っておくことの意義はここにあるのです。

　「引用」は、オリジナルそのままで行います。文中ならば「　」でくくり、文献情報を付加します。数段落を引用する場合は、改行して字下げして引用します。どちらの場合も、文献目録と対応がつき、オリジナルのどの部分を引用しているかページ数が明示されていることが必要です。

　文中での引用例としては、前のページで、

　　わが国の著作権法は、第2条で「著作物　思想又は感情を創作的に表現したものであつて、文芸、学術、美術又は音楽の範囲に属するものをいう。」と定めています。

と書いています。著作権法については、法律の条文等には著作権がないので文献情報を付けませんでしたが、もう一つ、私の著書から、文献情報を付けた例

を示します。

> 河野の研究は「地図による市区町村別 child-woman ratio の分布と変化、および過去の出産力調査結果の再点検」（[87], p.14）によるもので、ディフュージョニストの研究がそうであるように、帰納的な類推にのみ依存するものであった。

この本の末尾の文献目録には

> [87] 河野稠果,「わが国に於ける出生力転換の要因に関する考察」,『人口問題研究』, Vol.18, No.1, pp.1-15, 1992.

と書いてあります。そうでなければ以下のように文中に文献情報を入れます。

> 河野の研究は「地図による市区町村別 child-woman ratio の分布と変化、および過去の出産力調査結果の再点検」（河野稠果,「わが国に於ける出生力転換の要因に関する考察」,『人口問題研究』, Vol.18, No.1, p.14, 1992）によるもので、ディフュージョニストの研究がそうであるように、帰納的な類推にのみ依存するものであった。

次に、より多くの引用を行うときに適した改行・インデント引用例を示します。すでに著作権法第1条をそのように引用していますが、気付きましたか。また私の著書から例を示します。

> 例えば、Knodel & van de Walle は、
>> 実際に出生力低下の兆候を示した最初の国はフランスである。フランスでは、出生率はフランス大革命の頃には低下を始めている。当時のフランスを、発展に関するいかなる標準的な定義によっても、非常に発展していたと考えることはほとんど不可能である。
>>
>> J. Knodel & E. van de Walle [80], p.224.
>
> と指摘している。

引用の中の引用でインデント量が増えました。この引用は、オリジナルは英語なので、英語のオリジナルも載せています。

>> Indeed, the first country to show signs of fertility decline was France, where birth rates started to fall around the time of the French Revolution. France could hardly be considered very advanced at the time in terms of any

> standard definition of development.
>
> J.Knodel & Etienne van de Walle[80], p.224.
（Knodel, J. *et al.*, 1979）

そして、本の最後の文献リストには、

> [80] John Knodel and Etienne van de Walle. Lessons from the Past: Policy Implications of Historical Fertility Studies. *Populations and Development Review*, Vol.5, pp.217-245, 1979.

という項目があるのです。

　引用文献の表示方法には、いくつかの流儀があります。文科系ではアメリカ心理学会（APA）のスタイルがよく使われます。

> Dasgupta, P., Hammond, P., and Maskin, E.（1979）The implementation of social choice rules: Some general results on incentive compatibility. *Review of Economic Studies*, 46: 185-216.

　解説すると、姓，名（4桁の西暦年），論文タイトル，ジャーナル名（イタリック），巻 - 号：ページ数．という情報の並びです。これを本や論文の末尾に列挙しておきますが、本文中の引用箇所には上記の例のように（Dasgupta, P. *et al.* 1979）と書いておきます。

　文系でも LaTeX という文書作成ソフトの愛用者である私は、[1], [2], … というような番号参照スタイルが好きです。ただし、学術雑誌に投稿する場合は、その雑誌の投稿規定を守らなければならないことが多いので、その時にはそれに従うしかありません。

2）引用の適切な分量

　次に、「引用」はどのくらいの分量であるべきでしょうか。「引用の目的上正当な範囲内」と著作権法は定めていますが、これには解釈の余地が大きいです。

　学生のレポートの90％が引用であったなら、単位取得は不可能かと思います。しかし、1年生のレポートの70％ほどが対立する見解の両論併記の引用で、自分の見解が30％ほどなら、よく勉強したレポートと評価できると思います。結局、「引用」の量は、研究が深まっていくと相対的には少なくなっていくべきと考えるのが正当なのではないでしょうか。卒業論文なら、最大でも50％以下の引用であるべきでしょう。大学4年を終えるなら、半分は自分の考え・意見が書いてあるべきです。大学院生や研究者なら、より厳しくあるべきでしょう。引用ばかりの論文は、論文の体裁を取った学生のレポートです。

本当にオリジナルな自分の意見を書くことは、じつは真に大変なことです。他者の言うことを適当に消化して言い換えることは誰にでもできますが、これは事実上の「剽窃」なのです。人間の考えることは、他者の考えることであり、「剽窃」が一面の真実です。真のオリジナリティは希少なものです。ですから、正しく「引用」して批判することが、まず重要です。批判は真似してやらなければ、人それぞれで少しずつ違ったものになります。似たり寄ったりでも、同じものにはならないはずです。

　そして、データ（数値やそれらから構成される表や図。文学ならば作品そのままも引用してデータとして使用できる）を使うことです。データ自体には著作権は及ばないので、データを用いて自分なりに解釈し、先人たちの知見を批判したり敷衍したりすることが、オリジナルな文章を書く一つの方法です。この際、データの出所・出典を明示することを忘れてはいけません。

課題1

　§3の課題で取り上げたある論題（教員指定、たとえば「ポスト・モダン」など）に関して、文献目録からある文献を一つ（書籍が望ましい）選んで、その一部分を引用して批判しなさい。

課題2

　課題1で取り上げたある論題に関して、データを明示して、さらに議論を展開しなさい。

第7章　論理的な読書

　本章では、大学生が読むべきアカデミックな読書の話をします。まず大学生はどんな本を読むべきかお話をします。それから、どのように内容の理解をするべきかをお話しします。しかしこれらは、いわば「机上の水練」です。読書の技能は数多く良書を読むことによってしか鍛えられないことを知るべきです。王道はありません。

§1　大学生はどんな本を読むべきか

　小説、ライトノベルズなどの文芸作品は、読みたい人が勝手に読んでください。大学生が読むべきとあえて指定する本はそれらのジャンルではありません。また、How to ものや自己啓発本、ビジネス書の類も避けなければなりません。世の中には、金儲けのためのくだらない本も溢れています。どのような本が読むに値するか、値踏みできるようになることが大切なのです。読む本を選べて真の知性です。

　とはいえ、皆さんは知性の育成段階にあるので、読むべき本について大まかな指針を示しましょう。

① 古今東西の古典
　古典とは幾星霜を経てその評価が確立したものです。それを読んで必ず得るものがあるから読み継がれてきたのです。
　◇史書：『史記』、『プルタルコス英雄伝』、『三国志』、…
　◇古典文学：『源氏物語』『平家物語』、シェークスピアの作品群、『ガリバー旅行記』、『罪と罰』、『静かなドン』、『変身』、…。これらは小説でもあるのですが、すでにその文芸作品の域を超えて普遍的な価値を有しているのです。

◇『君主論』、『ユートピア』、『方法序説』、『パンセ』、『リヴァイアサン』、…。過去の思索の結晶です。

② 新書

新書とは、かつては所定の専門的学術分野の中身を初学者がわかりやすいように説明した本でした。現在でもそのような本はあります。たとえば近頃話題となった呉座勇一著の『応仁の乱』などがそれですが、出版事情の変化とともに、それ以外の「売らんかな」ものも多くなってきたので選択に注意が必要です。

まずは、著者とその経歴を見ましょう。大学の教員として研究を積み重ねてきたか、長年その分野の専門家として活躍してきた人であるかを判断します。経験を積んだ著者（私）でも、それらを評価しても、自分の専門外では外れの本に会うこともあります。本の当たり外れはある程度は仕方ないのです。それから、出版社も評価対象になります。出版社には「格」のようなものがあり、それは内容のクオリティゆえに生じているのです。どの出版社がよいか悪いかは、担当教員に尋ねてください。ここで私の意見を言うのは差し障りが大きいので控えます。

③ 教科書

大学の講義で使用される教科書は、ある分野の基本的な知識を整理して説明しているので、初学者には有益です。『社会学概論』とか『心理学入門』というような本を読むと一定の知識が獲得できます。しかし、本書のようなHow to ものは、本来読書の対象ではありません。

④ 新聞の書評に取り上げられた本

日本の新聞は世界的に見ると特殊な性質を有しています。政治・経済の問題から夕飯の献立まで記事が書かれ、知識人から大衆までが読者層として想定されています。欧米ではこのような新聞はまずありません。インテリが読む新聞を大衆が読むことはまずないのです。日本の新聞は知的な平等性を反映しているのですが、多くの学生の皆さんは読んでいないのですから知的な平等性を自ら放棄しているようなものです。

日曜日の朝刊には、新聞社から委託されて図書委員とか読書委員とかの人が、それぞれ本を推薦して内容の紹介をしています。これらの人々は、"良い本・面白い本"を紹介するために新聞社に雇用されている読書の達人たちなの

で、書評を読んで「これは」と思ったら、読んでみましょう。

⑤ 図書館で推薦されている本

　最近の図書館は、昔と違って読書を推奨するのにとても熱心です。公立の近隣の図書館も大学の図書館も、本をきれいにディスプレイして推奨しています。これらの本は、本の専門家である図書館司書の方々が"良い本"であると推薦しているものですから、手に取って読んでみるべきです。私はモンタネッリ＆ジェルヴァーゾ著の『ルネサンスの歴史　上・下』をそうして知りました。いや面白いこと、この上ないです。

課題1

　今度の日曜日の新聞の書評から1冊選んで、書評欄をコピーして（または切り抜いて）みましょう。

課題2

　大学生として読むにふさわしい本10冊のリストを作りなさい。著者名，書名，出版社，出版年を記します。（ただし、本書に載っている本はリストに載せてはいけません。）

　例）I. モンタネッリ and R. ジェルヴァーゾ,『ルネサンスの歴史　上・下』, 中央公論社，1985.

§2　どのように内容をつかむか

　「読書百遍すれば意自ずから通ず」という故事もありますが、アルバイトなどに忙しい当世の学生の皆さんには無理でしょう。しかし、読まなければわからないのが真実です。ここでは、読んでもわからない人に、どうすればよいかを指南します。

　先ほどお話ししたように、「新書」はある分野への招待のようなものですが、ある特定の問題について論理的に論じていることが多いのです。論理的な文章の理解には、小説を読むこととは違う「コツ」があります。

1）序章（序文／序論）を読め

　論理的な文章の場合、多くの場合、著者の主張は、序論に尽くされています。筆者は、これから自分がどのような道筋を通って自分の主張を展開し、どのような結論へと帰着するかを「序章」で高らかに謳うものです。

　ですから、序章を理解すれば、これからの論理展開に予想を持つことができるし、どこが結論かをハッキリとつかむことができます。本論で味わうべきは、論証の論理展開がどのように見事になされているかなのです。

　そして、論理的な文章を読むときには、専門用語の理解が必要です。専門用語については、読んでいてわからない言葉が出てきたときは「辞典」を引くべきです。大学生たるもの、自分の専門領域に関して『社会学小辞典』、『経済学辞典』、『心理学辞典』等を1冊は蔵書として持っておくべきでしょう。そうでなければ、Webで検索する手もありますが、これはいまいち信頼性に欠けます。ウィキペディアは誰が書いているかわからないので安定感に欠けます。

　それから、多くの場合、本の内容はそれほど特異なことを主張していません。だから、だいたいは健全な常識に導かれるように推測して読むことができます。さらに、よくわからなくなったら、同じ著者の別の本を眺めてみることです。別の言葉で言い換えて同じ主張をしているものです。また、同じようなタイトルの本をOPACで検索してみましょう。それほど違わないことが書かれていることが多いですから、イメージをつかむにはよいことがあります。

§3　実戦 論理的文章を読む－グループワーク－

課題1

　先生が選んだ課題図書の、まず序章を読みます。音読しましょう。そして以下の問いに答えましょう。

この本で著者が論じると主張していることを、以下にまとめなさい。

◇自分のまとめ

$$\Bigg[\Bigg]$$

　自分の考えをまとめたら、グループで話し合って、より良いものへとまとめてください。

◇グループでのまとめ

$$\Bigg[\Bigg]$$

📄 課題2

（予め読んでおく本の範囲が指定されています）

教員によって指定された範囲に関して、選択問題に答えてみましょう。

①まず自分の回答を記入してみます。

②自分の解答が決まったら、グループのメンバーと話し合い、グループの解答を決めなさい。この際には多数決やジャンケンなどしてはいけません。

③グループごとに解答とその理由を発表します。教員は正解を解説します。

§4　要約の作成と本の紹介

　本章の最終課題として、本の要約をしてみましょう。本の作者がどのような問いを立て（序章）、それにどんな答えを与えているか（結論）、それをどのように論証しているか（本論）とまとめてみます。これは後の章のレポート作成へとつながります。

本の要約ができたら、その要約を踏まえて、本の紹介をしてみましょう。その本を読みたい気持ちにさせる紹介が書ければ、あなたもかなりの書評家です。

📄 課題

　クラスの一人一人が好きな本の要約をして、クラスの皆さんに本を読んでみたくなるように紹介する。

　まず、以下の設問に答えて、本の紹介と要約への準備をします。
　　＊巻末の用紙を使って提出すること

書誌情報：

◇なぜこの本を選んだのか

◇この本のよいところ

◇本の立てている問い

◇本の解答

◇本の要約（200字程度）

第8章　レポートの書き方

　この章ではレポートの書き方を説明します。教員はなぜレポートを課すのか、どのように書くべきなのかということを説明します。

　本来、レポート（report）は「報告書」であり、字義通りには、調べた事実を書けばよいのですが、日本の大学では小論文を「レポート」と慣習的に用いています。学期末に提出するようなレポートは、英語では term paper と呼んでいるそうです。しかし、イギリスの社会保障制度に関する報告書として著名な「ベバリッジ・レポート（Beveridge Report）」は単に調べた結果ともいえないのですから、レポートの字義は複雑です。本書では、日本の大学の多くの教員が課す「レポート」は小論文のようなものが期待されているという前提で、レポートの書き方を解説します。

§1　なぜレポートを課すのか

　教員はなぜレポートを課すのでしょうか。レポートは学生の成績評価を行うために課すことが大部分ですが、真の目的は、学生の皆さんに勉強させることです。それも学生の皆さんの論理的な思考を訓練することが重要な目的なのです。

　論述試験も論理的な思考能力を評価するために行いますが、試験問題に論述問題があることとレポートとの違いは、どこにあるのでしょうか。それは、レポートの方が分量も多く、それゆえよりオリジナルな論述が求められることにあります。このようなレポートの特徴に留意してレポート作成に臨んでみましょう。

　議論を進めるために、課題となるレポートのテーマを「情報化社会と個人のプライバシーについて論ぜよ」としておきましょう。

§2 何から始めるか －ネット断ち－

　レポートを書くときは、その分野のことをまず知らなければなりません。通常、それらのことは授業で講義されます。そして指定された教科書は、講義と重複し、それを補完しているものです。レポートは、講義のうちの何回か目の講義の内容と深く関係があるものです。ですから、どの回の講義がたとえば「情報化社会と個人のプライバシー」に深い関連があるか、まずノートを読み返し、関連する教科書の箇所を読み返してみましょう。

　教科書のない講義はどうするのか？　そういう声も当然あるでしょう。自学自習が叫ばれる今日、教科書は本当は必要なものだと思います。それが指定されていないということは、それに代わる教員配布のレジュメ等があるはずです。それを読んでみることです。

　この段階で Web 検索をしてはいけません。インターネットでキーワード検索をすると、「らしい論述」が必ずヒットします。でも、これらは「らしい意見」で、本当は正しい論述かどうかよくわかりません。検索エンジンのキーワード検索で検索上位になるものは、多くは常識的な大多数の意見であり、それらは必ずしもレポートの課題として求められているものではないのです。

　それらの意見を安易に自分の意見としてレポートを書くことは、まず第一に、盗用・剽窃であり、著作権法違反です。いわゆるコピペのレポートができてしまいます。学生が自分で考えずに書いたありふれた意見のレポートは、読めばそれとわかるものです。

　しかしそうした法令違反よりもより深刻な Web 検索の害毒は、皆さんの論理的な思考能力とその表現能力を鍛えるというレポート本来の目的に何ら資するところがないことです。コピペのレポートは、たとえそれがよい評価を得たとしても（そんなことはないと信じますが）、長い目で見れば本人を蝕むものです。Web 検索で調べたことを自分の意見として語る学生が、就職活動で、グループ討論で自分の意見を語れるでしょうか？　面接での質問に、自分で考えて答え得るでしょうか？

　ですから、Web 検索はせずに、ノートと教科書を元に（基礎文献を読んでおくとさらに良いのですが）、自分の考えをまず論理的にまとめることから出発するべきなのです。

§3 論理構成を構想する

結論から考える。

　一般的には、レポート等の論理的な文章の作成には、序論・本論・結論の３部構成が推奨されています。本稿もそれに準じるつもりですが、ただ、終わりから遡って構想を練ることを勧めます。これまでの学修成果をもとに「どのような結論」を導けばよいかを考えます。それは教科書を読み、ノートを読み授業を思い返せば、浮かんでくるものなのです。

　何も浮かばないあなたは、勉強してこなかった人なのです。冷たいのですが、そのような人にはいいレポートは書けません。本書は裏口を教えることは意図していないので、まじめに勉強しなければレポートは書けないと反省してやり直してもらうしかないのです。

　「情報社会と個人のプライバシーについて論ぜよ」の結論として、「情報化、特にインターネットの進展とともに個人のプライバシーはますます脅かされている」と、とりあえず結論するとします。この結論は書いているうちに変わってもよいのですが、まずこの結論へと収束するように構成を考えます。

　序論は、結論を導くように書きます。

　そうしたら、本論の構成を考えます。本論は結論の正しさを論証するためにあるのです。だから、情報社会がどのように個人のプライバシーを侵しているか３要因くらいから論じましょう。

　①最初の目論見
　　序論：
　　　　情報社会はプライバシーを作り出し、かつそれを商品化する
　　本論：
　　　　プライバシーの成立
　　　　不特定多数へのプライバシーの漏洩
　　　　公的な機関からの漏洩の可能性
　　　　ユーザに感知されないプライベート・データの収集
　　結論：
　　　　情報社会はプライバシーを作り出し、それを漏洩―商品化している。ある種の資本主義的展開の一面を有している。

§4　引用を行う

　さて、ここで文献検索です。議論を組み立てるために必要な文献を探します。また、説得的な議論であるためには、効果的な引用が不可欠です。引用はさらに勉強の証(あかし)でもあるので、評価者＝教員に勉強していることを訴えるよい手段でもあります。

　最近は便利になりました。私が勤める大学の OPAC では、「本の目次・あらすじ」を見ることができます。内容が自分の議論に役立ちそうなものをリストアップして、図書館へ GO です。私がリストアップしたのは以下の文献です。

瀬戸洋一 他,『プライバシー影響評価 PIA と個人情報保護』, 中央経済社, 2010, ISBN 9784502992308.

升田　純,『現代社会におけるプライバシーの判例と法理：個人情報保護型のプライバシーの登場と展開』, 青林書院, 2009, ISBN 9784417014980.

阪本俊生,『ポスト・プライバシー』, 青弓社, 2009, ISBN 9784787232953.

　実際の漏洩の例を挙げてその危険性が示すことができれば、説得力が抜群に向上します。ここでは引用が必要です。例として、「プライバシー」というものが社会的に作られたものであることを指摘する意見を引用します。

　ここで、第 6 章の「§4　1）正確な「引用」のすすめ」（p.39）を読み返してください。

　引用を行ったら、そこで論理を展開するために、自分の考えを引用と明確に区別して述べます。たとえば、以下のように書きます。

　＜私づくり＞の拠点が近代になって個人の私生活に移行したことを阪本俊生は以下のように鋭く指摘している。

　　…また非文化的な姿から文化的な姿へ変わっていくプロセス、たとえば、着替えや化粧、鏡を見たり、自分の髪の毛を整えたりといった行動もまた、プライバシーの範疇に置かれる。これらはいずれも、個人の文化的で社会的な＜私＞がつくられたものであることを示唆してしまうために、それを隠すよう社会的圧力がはたらくことになるのだ。
　　　　阪本俊生,『ポスト・プライバシー』, 青弓社, pp.90-91, 2009.

このようにプライベートな私は、実は社会的な外部に対して秘匿することで作られた存在である。それは現代の情報社会ではいっそう外在的な特性を帯びたと阪本は以下のように語る。

> 個人の＜私づくり＞は、他者との関係を通してだけでなく、情報システムの中でも行われている。この自明な事実を、あらためて確認しておく必要がある。しかも、いまでは後者の方が、人間の記憶よりも迅速に、しかも目的に即した情報を取り出せるために、活用が拡大している。個人についての社会的記憶は、親密な人々の現実の相互行為よりもむしろ、情報システムで作られるものの方が、社会的影響力をもつようになってきている。
>
> 阪本俊生,『ポスト・プライバシー』, 青弓社, p.97, 2009.

阪本の言うように、プライバシーが私の外部で構成されるものであるなら、不特定多数の個人にとって外的に形成された「私」のプライバシー漏洩は、必然的な運命とも言えるだろう。そしてそのような事例はますます多くなってきている。

　たとえば、…

この続きにも事例や統計データを引用して書くとよいと思います。このようにレポート（小論文）は、適切な引用を行いながら、自分の主張を構成していく作業なのです。

§5　推敲の必要性と形式的な注意

レポートを書いたら必ず読み返します。理想を言えば、主に内容のチェックを目的とした1回目と、誤字・脱字等の校正を主な目的とした2回目が必要です。もちろん3回やっても4回やってもいいのです。ワードプロセッサでレポートを書けば、修正は容易です。見た目の問題もありますが、ワードプロセッサの良さは、推敲ができて容易に書き直し・書き足しができることにあります。

1回目は、論理がきちんと組み立てられているかを、他者になったつもりで読みます。段落の接続が適切か、論証に無理はないか、引用は作法に則り適切か、等々です。直すべきところは必ずあります。

　2回目は、もちろん内容の妥当性もチェックするのですが、誤字・脱字等の修正に重きを置いて読みます。誤字・脱字も必ずあります。最近のワードプロセッサは、「校閲」という機能があり、文章のチェックもしてくれます。機械的なチェックもぜひ利用しましょう。

　読み返して適切に修正がなされたレポートは、格段に出来が良くなると思います。1ランク上の評価を期待できるでしょう。また、自分が書いた文書を適切に修正・校正できるということは、ビジネス・シーンでもとても重要なことです。今が訓練の時です。

　レポートの中身が完成したら、以下のような表紙を付けましょう。レポートの最初のページに同じ情報を書いておくのもいいでしょう。

レポートテーマ

学籍番号　XXZZZZZZZZ　　　氏名　レポート太郎

講義名　情報社会論
2019年7月25日提出

もう一つ最後に忘れてはならないことは、必ずステイプラー（日本ではホチキスと呼んでいる）などで綴じることです。ばらばらになるようなレポートを提出してはいけません。先生に「あなたが綴じて」と言わんばかりで、失礼なのはもちろんですが、ばらばらになって散逸した場合、責任はそういう提出をした側にあり、成績が付かないこともあり得ることを覚悟しましょう。

　良いレポートが書けることは、卒業論文や卒業研究へと発展するために必要なステップです。コピペではなく、自ら考えて書く習慣をつけてもらいたいと思います。

第9章 プレゼンテーション

　ゼミ（演習）などの授業で、本の要約や興味関心のある対象について調べたことの発表を課せられることはよくあることです。そのような発表を「プレゼンテーション」ということがあります。プレゼンテーションは就職活動でも課せられることがありますし、就職してから企業でも求められるものです。

　プレゼンテーションは、自分が読んだ本の内容を伝える、あることをテーマとして自分が考えたことを伝えるために必要な技術です。だから、本来、内容は論理的なコミュニケーションであるべきです。

　プレゼンテーションのためには、レジュメ（報告要旨）の作成と、当世流にスライド（PowerPoint）作成の術を知らなければなりません。論理を如何に効果的に他者に伝えるかがプレゼンテーションです。この章では、中身の問題よりも、如何に見せるかという表面的な課題にも応えます。

§1　レジュメを作る

　レジュメの形式を備えた文書を作ることが大切です。PowerPointでスライドを作り、それをレジュメとして配るやり方もありますが、スライドはアクセントを付けた重要事項に留めて、レジュメはあとで読み返せるようによりくわしく作るのが親切です。

　レジュメに必要な事項は以下の通りです。
　　① ワードプロセッサで作ること
　　② レジュメのタイトル
　　③ 作成者氏名（学生ならば学籍番号も）
　　④ 作成日
　　⑤ Appendix（付録）として、注と、ささやかな文献目録

少しは内容の話をしましょう。序論・本論・結論という構成を取るのがよいと思います。本の要約にしても、序論では、内容の概略を著者の主要な主張の紹介として100〜200字程度で説明します。本論は、担当範囲やレジュメの分量にもよりますが、本1冊なら各章ごとの内容の要約、1章の担当なら各節ごとに内容をまとめます。結論は、内容の要点を繰り返して、最後に要約者の意見と感想を付けます。

　レジュメというものは内容の説明でなくてはいけませんから、不明な事柄や「専門用語」は辞典を引くなどして、その説明を注として追加しておきます。分担範囲をまとめた内容のことなら、レジュメ作成者はすべてに答える義務があると思わなくてはいけません。その時参考にした文献資料等は目録とすべきです。

　少し突っ張ったレジュメなら、疑問点や批判点を追加し、それを裏付ける資料も付けます（先生が度量の小さい人だと怒られるかもしれないので、相手を見て突っ張ってください）。

　自由なテーマに関するレジュメも、やはり序論・本論・結論という構成を取ります。自分はどのような問題について論じようとするのか、それはどのような理由でその問題に取り組むことになったのかを書き、落としどころの結論が見えているなら、それを書いておきます。ワードプロセッサでレジュメを書いていれば、後で直すことも書き足すこともできるので、取りあえず序論を書きましょう。

　本論と言っても、学生の皆さんは、結論へと導く正確な「引用」と、その解説があれば十分でしょう。「引用」についての批判的検討が付けば、さらに良くなります。本論を書きながら序論を適宜修正します。

　レジュメの例を以下に示します。ここではアンドリュー・J. サター著、『経済成長神話の終わり－減成長と日本の希望－』（講談社現代新書2148，2012年，中村起子訳）の「第4章　経済成長神話の誕生」の要約のレジュメを作ります。新書で約20ページほどの内容をA4用紙2枚で要約します。

アンドリュー・J. サター著
『経済成長神話の終わり－減成長と日本の希望－』
講談社現代新書2148，2012年，中村起子訳
「第4章　経済成長神話の誕生」の要約

作成者　17X000000　要約太郎
2017.09.30　〇×ゼミ報告　XXX教室にて

序論　第4章の概略
　我々が、なぜ政治的な課題としてGDPの成長が当然のこととして受け入れるようになったのかを、歴史的に解明するのが本章である。冷戦と「西洋式イノベーション信仰」がGDP成長神話を歴史的に形成したというのが、筆者の主たる主張である。

本論　第4章　経済成長神話の誕生

冷戦
　冷戦以前は、特に大恐慌から第2次世界大戦までは、政府の最重要政策課題は経済成長ではなく失業対策であった。第2次世界大戦以後、軍事支出―経済成長，軍事費支出のための経済成長というサイクルが始まる

経済学者・歴史学者のH.W.アルントの指摘　1978
　経済成長は、失業問題、インフレ問題、外貨準備の不足等のありとあらゆる慢性病の予防もしくは対処療法とみなされるようになった

経済成長率の競争への注目　　P.D.ワイルズ　1953
　経済成長でソビエト連邦に負けつつあると指摘する論文を発表
　長期戦になった東西冷戦の中では、経済成長率が最も重要になる
　東側と西側の経済成長競争1950～70年代
　GDP成長レースは、共産主義から世界を救うというものであった
　冷戦が終結して20年を経過した今こそ、GDPの成長がすべてを解決す

るという妄想を捨て去るときである

成長とイノベーション神話
　　経済学者のイノベーション論には、非合理的かつ感情的なものが多い
　　新成長理論（New Growth Theory）はドットコム・バブルが唯一の結果

科学とイノベーションを使って地球を占領しましょう．
　　デカルト（元祖）
　　ランド・コーポレーション
　　（信奉者：グリーンスパン、アンジェリーナ・ジョリー、最高裁判事クラレンス・トーマス、ロナルド・レーガン），ローマー

そのスローガン
　　「地球上で手に入る物質の形を変えることで、価値は生み出されます。価値創造のプロセスとは、古いモノを作り変えて、より価値の高いものにするレシピと、その手順を指すのです。そうご説明すれば、資源が尽きることなど問題ではないと言っている意味がおわかりでしょう」

筆者の批判
　　● 空疎な人間万能主義
　　● 環境汚染の問題を無視している
　　● 地球を支配するという誇大妄想な神話

結論
　　冷戦時代の遺物である経済成長第一主義は、イノベーション神話によって補強されて現在も多くの信者を有しているが、非論理的な信仰にすぎない。これらの妄想を捨て、より具体的な政治課題を見出すべきである。

　本論は、いくつかの見出しを付けた節から構成するべきです。また、レジュメの本論の文章では箇条書きを使う必要もあります。だらだらと文章が詰まったレジュメは読む気が起こりません。
　結論は、序論での問題の答えを本論を踏まえて書きます。

§2 レジュメを読む

　いざ発表となれば、作成したレジュメを読まなければなりません。このときもレジュメをひたすら読み上げるのは不可です。某学会の某部会では、未だに旧態依然としたレジュメのただの読み上げが行われていましたが、ただの読み上げなら、今はコンピュータでもできます。第一そんなことをやられると聴衆が眠くなります。ゼミのつまらない発表は最高の催眠術師です。

　必要なことは、強調点を訴えるべく必要なところを拾い読みして、口頭での言い換え等で繰り返して、聴衆にインパクトを与えることです。聴衆は賢くもないし、熱意を持った聴き手でもありません。ですから、訴えるべき点はしつこいほど繰り返していいのです。「レジュメは論理的に構成して、発表時は印象に強く訴えるアクションを付加する」がプレゼンテーションの鉄則でしょうか。

　したがって、レジュメがある程度完成したら、発表の予行演習が必須です。時間を測りながら、どのように読んでいくかをレジュメにメモしながら、声を出して読んでみます。持ち時間をオーバーしたら、読む部分を削ります。持ち時間がより少なかったら、繰り返しを増やしたり、読む部分を増やします。方針が決まったら、もう一度予行演習してみます。ある程度時間が合えばOKです。

　次に、想定される質問を考えましょう。自分が読んでみてよくわからない点は、だいたい聴衆もわかりません。そこを補強します。近年は私が学会で発表すると、質問もなくシーンと場がしらけます。よほど悪い発表をしているのかもしれません。上級者は、聴衆が質問したくなるように意図的にレジュメを作ってもよいのでは、と思います。言わば「隙」をわざと作っておき、聴衆に食いつかせるのです。前項の例にはそのように作った箇所がありますが、わかりますか。

§3 スライド－PowerPointをつくる－

　PowerPointはMicrosoft社のスライド作成ソフトです。レジュメをもとに発表するのがよいと思うのですが、効果的に「印象操作」する手段として、読み＋イメージとして聴衆に訴えるのには有効なツールです。ここではレジュメ

がある程度完成していることを前提として、それをPowerPointに変換するという方法を提案します。

　先ほどワードプロセッサで作成したファイルを開きます。たぶんMS-Wordでしょう。口惜しいことに。MS-WordからPowerPointへのデータのやり取りはマウスで、考えることなく感覚的にできます。PowerPointの最初の1ページは、レジュメの最初のところをコピーしてください。

　次に、1枚のスライドを序論で使います。スライド1枚に多くを詰め込んではいけません。レジュメがきちんと書いてあれば、見出しとそのちょっとした説明で十分です。見出しが大事なキーワードです。スライドの役割は、ともかく印象を与えることなのです。まずは文字を書き込んでください。デザインはそれからいくらでも変更できます。

　各見出しで1枚スライドを使ってもよいと思います。ですから、A4用紙2枚のレジュメはスライド8〜10枚程度となります。30分の報告なら、1枚について3分ほど話すことになります。

　私は早口になるという悪癖がありますが、発表の際、見出しは強調して繰り返すようにしましょう。そうすると自然と普通の速さにはなると思います。

§4　PowerPointとレジュメを使った練習

　レジュメを読みながら、適宜PowerPointを切り替えていきます。PowerPointにはリハーサル・モードもあり、時間も測定してくれます。2回ほど練習して本番に臨んでください。

　以下に、先ほどのレジュメとともに使うPowerPointの例を示します。

　それから、レジュメのコピーは人数分プラスアルファで準備しましょう。A4用紙2枚なら、並べて縮小コピーすればB4用紙1枚ですが、長くなれば複数枚となります。その時は必ずクリップやステイプラー（ホチキスと日本語ではよくいいます）で綴じましょう。

スライド1

アンドリュー・J. サター著
『経済成長神話の終わり —減成長と日本の希望—』
講談社現代新書2148, 2012年, 中村起子訳
「第4章 経済成長神話の誕生」の要約

作成者 17X000000 要約太郎
2017.09.30
○×ゼミ報告×××教室にて

スライド2 第4章の概略

- 我々が, なぜ政治的な課題としてGDPの成長が当然のこととして受け入れるようになったのかを, 歴史的に解明するのが第4章である
- 冷戦と「西洋式イノベーション信仰」がGDP成長神話を歴史的に形成した

スライド3 冷戦

- 冷戦以前—政府の最重要政策課題は, 失業対策であった。
- 軍事支出—経済成長, 軍事費支出のための経済成長というサイクル

スライド4 経済学者・歴史学者のH.W.アルントの指摘1978

- 経済成長 失業問題, インフレ問題, 外貨準備の不足等のありとあらゆる慢性病の予防もしくは対処療法とみなされるようになった

スライド5 経済成長率の競争への注目 P.D.ワイルズ 1953

- 経済成長でソビエト連邦に負けつつあると指摘する論文を発表
- 長期戦になった東西冷戦の中では, 経済成長率が最も重要になる
- 東側と西側の経済成長競争1950〜70年代
- GDP成長レースは, 共産主義から世界を救うというものであった
- 今こそGDPの成長がすべてを解決するという妄想を捨て去るときである

スライド6 成長とイノベーション神話

- 経済学者のイノベーション論には, 非合理的かつ感情的なものが多い。
- 新成長理論（New Growth Theory）ドットコム・バブルが唯一の結果

スライド7 科学とイノベーションを使って地球を占領しましょう

- デカルト（元祖）
- ランド
- （信奉者：グリーンスパン, アンジェリーナ・ジョリー, 最高裁事クラレンス・トーマス, ロナルド・レーガン）, ローマー

スライド8 そのスローガン

- 「地球上で手に入る物質の形を変えることで, 価値は生み出されます。価値創造のプロセスとは, 古いモノを作り変えて, より価値の高いものにするレシピと, その手順を指すのです。そうご説明すれば, 資源が尽きることなど問題ではないと言っている意味がおわかりでしょう」

スライド9 筆者の批判

- 空疎な人間万能主義
- 環境汚染の問題を無視している
- 地球を支配するという誇大妄想な神話

スライド10 結論

- 経済成長第一主義は, 冷戦時代の遺物である.
- この遺物は, イノベーション神話によって補強されて, 現在も多くの信者を有している非論理的な信仰
- これらの妄想を捨て, より具体的な政治課題を見出すべきである

課題

適切な本の1つの章を選んで、レジュメとPowerPointを作成し、発表してみましょう。同じ章を別の2人で担当して相互比較するのもよいでしょう。

§5 プレゼンテーション本番での心得

　発表当日に遅刻などしては言語道断です。それから、当日直前にレジュメのコピーなどしてはいけません。前日までにしておくべきです。

　レジュメを配布し、後ろの人まで行き渡ったことを確かめて、聴衆に軽く目配せしてから、「発表を始めます」と宣言します。まず自分の担当箇所を前の担当者の箇所とのつながりから丁寧に説明して、聴衆に話を聞く準備をさせます。それから、レジュメを読みながらPowerPointを適宜操作します。

　普通は、発表者の発表が終わるまで、聴衆はおとなしく聞いているものです。もし、質問があれば適宜それに答えます。ここでは用語の意味や使い方についての疑問など、簡単に答えられる質問だけに対応します。内容に深くかかわる質問には、一通り発表が終わってから答えることとして、やり過ごしていいのです。

　発表が一通り終わったら、「意見・質問はありませんか」と聴衆に問いかけます。何もなければ、時間があるときは要点を繰り返してもいいでしょうし、言い足りなかったことを付け足してもよいでしょう。

第10章 ディベート：準備編

　ディベートは、第2部のアカデミック・スキルズの集大成です。これまで学んできたすべてのスキルを総動員して取り組む必要があります。ディベートの本番は第11章で扱いますが、本章ではその準備を行います。準備といって馬鹿にしてはいけません。孫子いわく「敵を知り己を知りて戦わば、百戦して危うからず」ですから、準備で既に勝負はついているのです。何度も前章を振り返りアカデミック・スキルズを総動員して準備に励みましょう。

§1　ディベートとは何か－その目的－

　そもそもディベート（Debate）とはなんでしょうか。ディベートとは、公式の場で決められた論題について討論することです。そして、その討論には勝ち負けがあります。

　ディベートの起源は、少なくとも古代ギリシャの民主制にまで遡ることができるでしょう。古代ギリシャの民会では、ある重要な政治的な問題、たとえば「強大なペルシャ帝国と戦うべきか否か」というような問題について、「戦うべき」という論者と「戦わず和を乞うべき」という論者が、それぞれの主張が正しいと弁論を戦わせ、その後に採決して政策を決めていました。つまり、弁論でより多くの市民の心をつかんで自分の主張に同調させることが、勝ちなのです。ディベートには、単なる議論とちがって、勝ち負けがあるのです。つまり、論敵を論破して自分の主張の正しさを他者に納得させることが、ディベートの目的なのです。

　現代行われているディベートの多くは、かつてのような深刻・重大な役割はなく、知的なゲームとしての性格が正面に出ていますが、会社の会議でもディベートで培った技術はとても重要な資産となるでしょう。

　ディベートは、論理的コミュニケーション能力を発揮して、論理的に人々を

説得する技術を学ぶ場でもあります。しかしながら、人間は必ずしも（まったく）論理的な生き物ではないので、感情にも訴えながら、いかに他者に効果的にコミュニケーションするかという技術を弁論術として学ばなければなりません。

『プルタルコス英雄伝』で伝えられる弁論家デモステネスは、この人、マケドニア王国に併呑されつつあるギリシャ諸ポリスを糾合しようとして悲劇的な死を遂げますが、ディベートについて語るには欠かせない人です。先生について弁論術を習い、吃音を猛訓練により克服して、役割演技を稽古場で一人毎日こなしたと伝えられています。彼は幼くして父を亡くし、後見人たちに財産を横領されて苦労します。少し『プルタルコス英雄伝』から引用してみましょう。

> さてデモステネスは成年に達すると後見人たちに対して訴訟を起こし、いろいろ逃げ口上を設けたり逆に訴訟を構えたりする彼らを相手に法廷演説を書き出した。そしてトウキュディデスの口吻を借りれば、危険と労苦を伴った修練の果てに成功を収め、父の遺産は僅かな部分すら取り戻すことができなかったにせよ、演説に対する大胆さと十分な習熟とを得、争いについての名誉心と能力に目覚めた結果、公の場に出て公共の事柄に参与しようと企てるに至った。
>
> プルタルコス／村上堅太郎編,『プルタルコス英雄伝 上』, ちくま学芸文庫, pp.400-401, 1996.

不幸な生い立ちが、彼の才能を開花させ、そのために悲劇的な死へと向かうという運命に人生の機微を感じます。弁論は実践的な技術であったのです。私はそのような技術を到底持ち合わせないのですが、皆さんにはそのような技術があるということを知り、いくつかをものにするという意欲を持ってもらいたいです。

§2 ディベートのルール

ディベートは、ただの意見の言い合いではありません。公的な場での討論ですから、ルールがあります。このルールは、いわゆるグローバル・スタンダードではなく、それぞれに細かな違いがあるものですが、本章で採用するルールを以下に規定しましょう。

① ディベートは１つの論題について賛成と反対の立場で行う。どちらともいえないという立場はない。
② ディベートの順番は、立論→反対立論→再反論→再々反論→最終弁論（賛成と反対の立場で各々行うこととする）で行い、各弁論中には誰も口を挟むことはできない。
③ 持ち時間がそれぞれ決まっており、それを守らなければならない。短く終わるのは勝手だが、オーバーしたら減点され、著しければその時点で失格である。（レフェリーは司会としてこのコントロールをしなければならない）
④ 論じている論者への個人攻撃をしてはならない。また、汚い言葉や罵りを行ってはならない。そのような場合には、重大なルール違反として罰則が科される。ディベートの敗北を宣せられるときもある。
⑤ 各レフェリーは、どちらかの勝ちを必ず決めなければならない。
⑥ 自分の真意とは別の立場で論じなければならない時も、真剣に演技しなければならない。
⑦ 賛否の立場を入れ替えてディベートする。（役割演技の必要性）

各レフェリーの評価は、章末に掲げた表の各項目に関して評価がなされ、各評価と矛盾しないように勝ち負けが決定されなければなりません。これまで勉強してきたアカデミック・スキルズが問われていることに注目してください。ディベートは、いわば、アカデミック・スキルズの総合芸術です。

§3　ディベートの準備−リサーチ−

先に紹介した古代ギリシャの雄弁家デモステネスは、周到な準備をして演説に臨むことで有名でした。これから議論する題材についてどれだけ知識があるかで、勝負の大きな部分が決まるのです。どのようにリサーチすべきか、「東京都心部の保育園の増設は必要か」というタイトルでディベートすると仮定して、実際にリサーチしてみましょう。

このような場合、スマホ世代の皆さんには、キーワードを入力して検索エンジンで検索し、関連Webページを閲覧、という手段が常套的に使われていると思います。しかし、この方法は、本当はダメな方法です。この方法では、勝

利を得ることは難しいです。

　なぜでしょう。それは誰もが採る方法であり、Webページに出ていることは、多くの場合、誰もが考えている固定観念であることが多いからです。そして論敵も当然同じWebページを見ています。だから賛否どちらも元々は同じ議論になってしまう。同じ資料をもとに論じても、相手を圧倒することはできません。ですから、ディベートで文句なく勝つためには、相手が知らないことを知る、という努力が必要なのです。

　ですから、まずWeb検索はやめましょう。まず、どのように議論するか自分で構想してみます。このときものをいうのはふだんの勉強です。本当にオリジナルな厚みのある議論は、その人のベースとなる教養からしか生まれてきません。Web検索による立論は、所詮パクリです。「STAP細胞事件」への反省は、Webを利用した知的技術というものが本物ではないことをあらためて各自が確認することなのです。

1）議論の展開

　誰もが難しいと感じる「東京都心部の保育園の増設は必要ない」という立場で議論を展開することを考えてみましょう。どんな主張にも必ず影はあるものです。そこを突くのです。このようなときの常套手段は、「なぜ東京都心部の保育園の増設が必要と主張しているのか」と考えることです。「東京都心部の保育園の増設」は、「母親が働くために必要だ」と主張しています。これはもうまったく正しいように感じられるでしょう。しかし、ここでこそ「価値自由」です。誰でも正しいと思うことは、たいていは感情的な正しさであり、真に論理的な正しさではありません。

　「働きたい」というのは誰のためですか？　それは自分のためでしょう。労働は社会のためでもありますが、多くは自分のためです。つまりこれは、働く子育て中の女性のエゴイスティックな主張なのです。人間はエゴイスティックな存在ですから、それだけでは論難の対象としては不十分でしょうが、突破口は開かれたのです。

　エゴとエゴのぶつかり合いなら、優先順位もあるでしょう。要は、もっと困っている人がいることを示してやればよいのです。いろいろと攻撃すべき点は多々あるはずです。私なら、職業・職場・住居の選択は自己責任であり、保育園が少ない都心を選んだこと自体が愚かであり、その責任は自ら負うべきだと議論するでしょう（もちろん、人間にそのような先見の明がないことは百も

承知なのですが)。さらに、都心へ人口を誘導するような政策自体を批判することになるでしょう。

　もう一つの重要な増設の理由は、「東京都心部の保育園の増設」が「少子化対策」でもあるというものです。これは事実ですか？　私はこの分野が専門ですが、保育園に入りやすくなれば子どもを多く産むということには何の根拠もありません。これも感情的な議論でデータの裏付けがありません。

　検討すべき論点が脳内あるいはメモ上に明確化された時点で、初めてWebで資料の検索をするべきなのです。論拠となるデータを探すことが第一の目的です。他人の意見は横目で眺める程度で十分です。

　公平を期して、「東京都心部の保育園の増設は必要である」という立場からの立論についても、述べておきましょう。この場合、多くの母親の声、「少子化対策」にも役立つという月並みな要素だけでは弱いでしょうから、男女の平等性や労働力不足の解消、そして究極には生活権・社会権という基本的人権の尊重につながるとでも議論しましょう。

2）データのリサーチ

　他者を納得させる、もしくは論破するのに有効な方法は、やはり実証的なデータを示すことです。どこかの偉い人が「かくかく云々と言っている」という説得の手法もありますが、所詮権威主義で、論理的なコミュニケーションを磨くことを目的とする場合多用すべきではありません。

　まず保育園へ行く人口、保育園の数と収容保育児数を押さえなければなりません。このようなときWebは便利です。例えば、以下のURLを見てみましょう。

　　http://www.fukushihoken.metro.tokyo.jp/kodomo/hoiku/ninsyo/ichiran.html

　　http://www.fukushihoken.metro.tokyo.jp/kodomo/hoiku/ninkagai/babyichiran_koukai.html

　どのようなテーマでも、どれだけ綿密に資料調べをしているかが勝敗の分かれ目です。「ともかく気合いだ！」とかいう旧日本軍のような精神主義に陥ってはいけません。ディベートは勝敗が付きますが、評価表（p.76）では、「文献が引用されていたか」が評価要素となっています。また、単に文献が引用されていればよいというものではありません。どれだけ良質の信頼できる文献から立論されているかが重要なのです。どこの誰がいつ言ったことなのか明らかにして、その信頼性をレフェリーが評価できるようにすることが大切です。

　本当はこの段階で独自のデータ分析や解釈があるとよいのです。少しやって

みましょう。

　国勢調査の東京都中央区の人口を2005、2010、2015年と調べると（昔は図書館でコピーを取ったのですが、今はWebで数値データをすぐに入手できます。これはまさに画期的進歩ですね！）、2005年には775人に過ぎなかった0歳児人口は、2010年には1,356人と約1.75倍に増加しています。

東京都中央区における0歳児人口

	2005年	2010年	2015年
0歳児人口	775	1,356	1,802
増加率		1.750	1.329

出典）総務省統計局　各年国勢調査結果

　2015年には、増加率は低下したものの、1,802人とさらに増加しています。これは出生力が低下した日本ではきわめて特異なことです。これらの、保育所に行くであろう人口の増加分は、これまで中央区に住み続けてきた人が産んだのではなく、明らかに大部分は中央区に移り住んだ人々が産んだ子どもたちでしょう。

　それは中央区に、子供を産む親世代が25～39歳までで大量に（各歳毎年100名ほど）流入していることからも明らかです。

東京都中央区のコウホート（年齢階層）別人口変化 2005-2010年

		2005年	2010年	コウホート変化率
女性	25～29歳	5,007	5,504	1.468
	30～34歳	6,230	7,349	1.266
	35～39歳	5,420	7,887	1.185
男性	25～30歳	4,674	4,943	1.400
	30～35歳	5,838	6,542	1.222
	35～40歳	5,326	7,134	1.175

出典）総務省統計局　各年国勢調査結果

　これらの急激な増加に行政（中央区）が対応することはそもそも可能なのでしょうか。これらの移動および移動してきた人口の出産に対して、行政は対応する責任があるのでしょうか。責任を負うべきは、都心を再開発したデベロッパーとそれらの人口を雇用する企業と、その移動をした他ならぬ本人自身にあるのではないでしょうか。まあ、計画なしの再開発を許容した中央区の行政責任も免れませんが。

　つまり、「保育所不足は行政の無策というより、本当は自己責任なんです」という立論も可能です。このように、「保育所不足は自己責任である」と立論

できるのです。

　さらに言うと、この増加は一時的なものであろうということです。このような人口移動は長続きしないのです。

東京都中央区のコウホート（年齢階層）別人口変化 2010-2015 年

		2010 年	2015 年	コウホート変化率
女性	25～29 歳	5,504	5,331	1.347
	30～34 歳	7,349	7,414	1.135
	35～39 歳	7,887	8,339	1.079
男性	25～30 歳	4,943	4,853	1.399
	30～35 歳	6,542	6,916	1.129
	35～40 歳	7,134	7,389	1.063

出典）総務省統計局　各年国勢調査結果

　すでに 2015 年の国勢調査では沈静化する傾向が見て取れます。ですから、保育所不足は遠からず解消されるのです。冷たいようですが、公的にケアするほどのことでしょうか。

　それにこれらの親たちは、特に子供を多く生んでいるわけではありません。東京都心の出生率は日本全体よりも低いのです。出生率の上昇にほとんど貢献しない人々に公的資金を投入するのですか。都心の労働者は相対的にはかなり恵まれた存在です。それらを助けるならより助けるべき人はいるのでは？

　というように、資料を調べて分析すると立論は自然と浮かんでくるものです。

§4　資料の作成とプレゼンテーション

　ある程度資料調べをしたら、立論のレジュメ作成に取りかかります。これは立論担当者だけではなくすべての人が関与してください。そうでなくては効果的な反論・再反論もできません。また、レジュメを作成しながらさらに資料調べをする必要があります、

　まず注意すべきことは、評価表にありますが、自分たちの意見と Web ページの意見がきちんと区別されて提示されているかという点です。パクリの議論は説得力がありませんし、著作権法違反ですから、最低評価です。

　それから文献の使用がルールに則っているものかどうかにも当然注意してください。第 9 章を参考としてもらいたいですが、ディベート用のレジュメの例を示しておきましょう。

> 東京都心部の保育園の増設は必要ない
>
> 2017.12.24　ライフデザイン演習Ⅱにて
> 作成　ディベート太郎（17LXXXXXX）、ディベート花子（17LXXXXXX）、ディベート次郎（17LXXXXXX）、ディベート英恵（17LXXXXXX）、ディベート一郎（17LXXXXXX）、ディベート淑子（17LXXXXXX）
>
> 　立論　東京都心部の保育園の増設は必要ない
>
> 　理由1　保育所不足は自己責任である。この状況をもたらしたことに責任があるものが費用負担すべき。
>
> 　理由2　都心への人口流入は遠からず沈静化し、不足もやがて解消される。今の増設は将来の不良資産となる。
>
> 　理由3　特に高出生でもない都心部の人口を優遇することは、公平性の観点からも問題である。
>
> 出典）総務省統計局 2005、2010、2015 年国勢調査結果

　各理由については、資料をもとに、より詳しい説明を追加します。レジュメができたら、「第9章 プレゼンテーション」を参考にしてPowerPointを作成します。

　次ページに評価表を乗せていますが、評価項目を気にしながら、レジュメを作るのがよいと思います。

　東京の都市再開発の問題性を指摘する文献は多いので、国勢調査の後にそのような文献を乗せておくと、勉強したことがアピールできます。

ディベート評価表

日付

学籍番号		所属班		名前	

評価票　評価対象(　　班)

		よい	ややよい	ふつう	ややわるい	わるい
レジュメ	わかりやすいように工夫されていたか	4	3	2	1	0
	インターネットからのコピーと自分たちの意見は適切に区別されていたか	4	3	2	1	0
	分量は適切か	4	3	2	1	0
プレゼンテーション	わかりやすいように工夫されていたか	4	3	2	1	0
	アイコンタクトはなされていたか	4	3	2	1	0
	パフォーマンス	4	3	2	1	0
論理性	文献は引用されていたか	4	3	2	1	0
	文献はルールに則って使用されていたか	4	3	2	1	0
	筋道の通った論理展開だったか	4	3	2	1	0
	主題の絞り方は適切だったか	4	3	2	1	0
マナー	マナーは良かったか	4	3	2	1	0

勝敗	コメント

評価票　評価対象(　　班)

		よい	ややよい	ふつう	ややわるい	わるい
レジュメ	わかりやすいように工夫されていたか	4	3	2	1	0
	インターネットからのコピーと自分たちの意見は適切に区別されていたか	4	3	2	1	0
	分量は適切か	4	3	2	1	0
プレゼンテーション	わかりやすいように工夫されていたか	4	3	2	1	0
	アイコンタクトはなされていたか	4	3	2	1	0
	パフォーマンス	4	3	2	1	0
論理性	文献は引用されていたか	4	3	2	1	0
	文献はルールに則って使用されていたか	4	3	2	1	0
	筋道の通った論理展開だったか	4	3	2	1	0
	主題の絞り方は適切だったか	4	3	2	1	0
マナー	マナーは良かったか	4	3	2	1	0

勝敗	コメント

第11章 ディベート：本番編

前章でみたように、ディベートの目的は論理的な議論ができることです。本番ではどのように準備を活かして議論するのかを、「憲法第9条を改正すべきか否か」をテーマとして実践的に学びます。

§1　役割を演技する－楽しむ－

現代のディベートは、古代ギリシャの民会のように現実の政治路線を決定するのではないのですから、パフォーマンスを楽しむ心が必要だと思います。オーバーアクションで、いささかわざとらしい演技があってよいのです。

「憲法第9条を改正すべきか否か」は、政治的にもそれを主張する政党と、それに強く反対する政党があり、マスメディアも改憲を主張する側と護憲の側に分かれて議論がなされています。まずは双方の言い分を調べてみましょう。

1）憲法第9条を改正すべきか否か：問題を知る

日頃新聞を読んだりニュースを聞たりしていれば、改憲の主張の中心にあるのが「自由民主党」であり、その中でも「憲法改正推進本部」が総本山であることがわかるでしょう。そこには「改正草案」がPDFでダウンロードできます。これはご丁寧に現行憲法と比較した改正内容の説明になっています。この内容をまず熟読しましょう。それから、Q&Aという問答集で改憲の必要性が説明されていますので、それもよく読んでおきます。

　　　　　http://constitution.jimin.jp/

読売新聞社も独自に改憲案を提示しています。これも9条のところをよく読んでおくべきです。

　　　　　https://info.yomiuri.co.jp/media/yomiuri/feature/kaiseishian.html

産経新聞社の改憲の主張と草案も以下の URL から知ることができます。

http://www.sankei.com/politics/news/141030/plt1410300023-n1.html

そして改憲の主張の背景についてもよく知っておくべきです。それは複雑なもので一筋縄ではいきませんが、GHQ に押し付けられた憲法という反発が改憲を主張する側にはあるようです。

改憲の主張を一通り理解したなら、改憲反対の論理も探っておきましょう。民進党は「憲法 9 条の改正には反対します」と政策集に提示していますが、民進党自体の存続が…。

https://www.minshin.or.jp/compilation/policies2016/50099

護憲活動では「九条の会」が有名です。

http://www.9-jo.jp/

Web ページを眺めていると、憲法を守らなければならない理由を説得的に説明するという論理性は少し弱い気がします。現行憲法が正しいということを前提としすぎていて、その良さが論理的に説明しきれていない気がします。

憲法 9 条に関する日本共産党の見解も調べておきましょう。

http://www.jcp.or.jp/seisaku/004_0607/kenpou_jieitai_22taikai_.html

かつての社会主義の伝統を背負う社会民主党は、憲法リレーコラムという Web ページを作っていて、そこから見解が読み取れます。

http://www5.sdp.or.jp/special/special.htm

これからは本来は皆さんが独自に立論をすべきなのですが、取りあえず私が両方の側に立って立論してみます。ディベートにおいては「立論」が基本です。私のものはあくまでも参考として受け取ってください。

2）9 条を改憲すべきとする側の立論

平和主義と戦争放棄を高らかに謳う現行 9 条に正面から反対することは、いくら改憲派でも難しいことです。

「戦争大賛成、日本に敵対するものは断固成敗すべき」

などということは、誰も言えないのです。ですから、侵略してくるかもしれない危険な相手に対して自衛のためには「軍隊」を持ってもよいのではないかというのが、自由民主党、読売新聞社、産経新聞社の主張です。そして、自衛のための交戦権は必要だから、交戦権の放棄を削除するのが論理的であると主張するのです。

このように、ある主張をする者の論理展開をなぞって立論するのが基本だと思います。ですから、立論のレジュメには、

1．平和主義を希求しても、自衛のための軍隊は必要である。
　① 同じ敗戦国である西ドイツ憲法は軍隊を捨て去っていない
　②
　③

2．自衛隊は既に世界有数の戦力を有する実質的な軍隊であり、その事実を認めることが、論理的にも正しいし、正しい運用につながる。
　① GDP1.0％の軍事費は世界第 8 位の規模で、これを軍隊でないということは困難である。
　② 諸外国は自衛隊を軍隊と認知しているし、英語名の Japanese Self-Defense Force の Force は軍隊に当たる語である。
　③
　④

3．日本国憲法は占領軍である GHQ に押し付けられたものであり、日本の軍隊の解体を意図した 9 条は独立国として承服しがたい。
　① GHQ は日本側の改憲案（松本案）等が、日本帝国憲法と大して変わらないのに業を煮やし、英語の草案を提示した事実があるし、その草案の訳と現在の日本国憲法はほとんど変わらない。
　②
　③

4．日本国憲法前文に「平和を愛する諸国民の公正と信義に信頼して、我らの安全と生存を保持しようと決意した。」とあるが、諸国民は公正でもないしその信義も信頼できない。現実を冷静に評価すれば、再軍備もやむを

得ない。
① 北朝鮮のような国家の存在
②
③

　PowerPointを作成するとしたら、上記論点につき各1枚ずつ作成し、以下はそれらを支える理由を各々列挙していくスライドを作成していくことになるでしょう。「まとめ」も含めて5枚から10枚程度のスライドになるでしょうか。これは持ち時間にも依存します。

課題
上記の各理由の空欄の1つ2つを、自分で調べて書き込んでみましょう。

3）9条を改憲すべきではない側の立論
　改憲を是とする側の立論は、なかなかのものです。これにどうやって反論するかを考えます。

1．平和主義を真摯に希求するなら、軍隊を持たないと国際的に宣言することは画期的である。これこそ世界平和への第一歩であり、日本がこの高い理想を捨て去るべきではない。
　① 国の独立と安全を守り、国民を保護するとともに、国際平和に寄与するためと称して過去に何度も侵略戦争が行われた事実を知らないのか。
　② 国際平和を誠実に希求すると称しても、兵器があり軍隊があればそれを使用したくなるのが人間である。口先ではどんな理屈も付けられる。第一次世界大戦は「平和のための最後の戦争」と称して行われたことを忘れてはならない。人間は自分勝手な非理性的な存在なのである。それを法で強く拘束するのである。
　③ 東西冷戦の最前線にいた西ドイツと日本を同じようにとらえてはならない。
　④ 過去の戦争犯罪に対する反省もない世代が大半を占める今こそ、平和主義の憲法が、逆説的であるが真に重要なのである。
　⑤
　⑥

2．既に世界有数の戦力を有する実質的な軍隊であるとはいえ、軍隊であると認めないことによるさまざまな制約が重要なのである。
　① 軍事費の規模が問題なのではなく、その性格が問題なのである。日本から戦争を仕掛けることは絶対にないという保証が日本国憲法第9条なのである。
　② 平和主義において、日本にはるかに遅れている諸外国の認識など問題としても詮方（せんかた）ない。
　③ 軍隊を自衛のためと称しても、交戦権を認めると双方が疑心暗鬼になり、偶発的な戦争の危険が高まる。戦争放棄の宣言はその疑心暗鬼による偶発性を低減させる。
　④
　⑤

3．日本国憲法を「押し付けられた憲法」というが、当時の日本国民は日本国憲法を嫌がっていた事実はなく。積極的にそれを受け入れたのである。
　① GHQの草案は良いものであった。良いものは誰が作ったとしても良いのである。
　② しかも日本は旧憲法下の帝国議会でそれを審議し、自ら加筆修正を加えている。
　③ はじめての男女平等の普通選挙で選ばれた議員からなる衆議院で圧倒的多数で可決成立している。「(1946年)8月24日には、衆議院本会議において賛成421票、反対8票という圧倒的多数で可決され、同日貴族院に送られた。」
　④ 日米地位協定は押し付けられたものであるのに、日本国民に実害さえ与えているにもかかわらず見直し・改訂を叫ばないのに、なぜ憲法だけ改正するのか。
　⑤
　⑥

4．日本国憲法前文に「平和を愛する諸国民の公正と信義に信頼して、我らの安全と生存を保持しようと決意した。」とあるが、諸国民は公正でもないしその信義も信頼できない現実は確かではある。それに対して自衛のための戦力は現在でも保持しているし、自衛権は現行憲法解釈でも認められ

ている。戦争を自ら選択しないという意思表示にこそ意味がある。
① 北朝鮮のような国家は、国連を中心とした集団安全保障の枠内で解決すべきであり、改憲の理由にはならない。
②
③

国立国会図書館の「日本国憲法の誕生」というWebページには、非常に丁寧な説明があり、貴重な資料が掲載されています。

http://www.ndl.go.jp/constitution/gaisetsu/04gaisetsu.html

§2 相手の手を読んで－「反論」の用意をする－

改憲を是とする立場は、いわば、なしくずしの現実肯定論を展開することは目に見えています。これと現実論で対決しても勝てません。理想主義を高らかに謳い、現実があれば、それをコントロールする理念という視点を強く押すことです。

現実に安く組みせずに、己を拘束する法というもののレゾンデートル（存在意義）を訴えるのです。法律論に引っ張り込んで圧倒するという「隠し玉」もあり得ます。

平和憲法は世界の非常識という議論には、コスタリカの平和憲法の話を例に出し、平和憲法は日本だけではないという反論を準備しておきます。

改憲を是とする立場からも考えてみましょう。たとえば平和主義の理念の重要さを切々と説かれたら、「現実主義」を振りかざしてもあまり効果的ではありません。こんな時は実例で対抗します。たとえば「ベルギー」です。ベルギーは、軍隊を放棄はしていませんが、1839年には永世中立を宣言しています。しかし、第一次世界大戦でも第二次世界大戦でもドイツに侵入されて大きな戦争被害を被っています。この事実を指摘して理念の無力を説き、現実の備えが必要なことを説くという手段もあります。

自衛隊が「軍隊」であることを認めないことで、どんな負の問題が生じているかを示して反論することも可能でしょう。

つまり、立論のところで、どれだけ幅広く議論を想定できるかが勝負なので

す。議論の周到な準備とはそれなのです。かつてデモステネスが籠って準備したのもこの段階にちがいありません。

　限られた時間の立論ですべてを言うことはできないのですから、最初に立論することを選択し、後は相手の出方次第で使うネタ（隠し玉）として取っておくのです。このときに相手の力量を見て、相手がたいした準備しかしていないと見極めがつけば、最初にありふれた立論をして、後で隠し玉で叩くという戦略もあり得ます。相手が力量タップリの立論できた時には、こちらも最初から頑張らなければなりません。つまり、相手の力量を測る力がディベートには必要なのです。

　周到な準備をするとしたら、相手の力量に合わせて数種類のプレゼンテーションを準備する必要もあるでしょう。

§3　役割分担を決める

　本書ではディベートは、立論→反対立論→再反論→再々反論→最終弁論／最終弁論という順序で行います。この際、次ページの表のように各部分の役割分担を決めます。ディベートは賛否の立場を入れ替えて行いますので、一人2つの異なった役割を担当する必要があります。

ディベート役割分担表

2017/9/8

論題 vs
- 都心の保育所増設は必要である
- 都心の保育所増設は必要ない

1st turn

都心の保育所増設は必要である

1班	分担者名	評価
立論		
反対質問		
再反論		
最終弁論		

都心の保育所増設は必要ない

2班	分担者名	評価
立論		
反対質問		
再反論		
最終弁論		

2d turn

都心の保育所増設は必要である

2班	分担者名	評価
立論		
反対質問		
再反論		
最終弁論		

都心の保育所増設は必要ない

3班	分担者名	評価
立論		
反対質問		
再反論		
最終弁論		

3d turn

都心の保育所増設は必要である

3班	分担者名	評価
立論		
反対質問		
再反論		
最終弁論		

都心の保育所増設は必要ない

1班	分担者名	評価
立論		
反対質問		
再反論		
最終弁論		

＊各ターンで別の役割を分担すること。各人がどの役割もこなせるように準備する。分担者に対する評価はS,A,B,C,Dの5段階とする。

空欄内の評価は教員がします。辛い評価を覚悟して下さい。

§4 本番のディベートの注意点と評価

　評価表にもあるように「アイコンタクト」を忘れてはいけません。別に見つめあう必要はないのです。会場を見渡し、自分の意見を伝えなければなりません。伏し目がちで資料ばかり読んでいるのは良くありません。内容は暗記しておき、確認のために資料を読むようにすべきです。内容をわかっていなければ、

相手の反論に適切に答えることができません。たいした量ではないのですから、一通りは立論のすべて（あえて発表しないものも含めて）を、グループのすべてのメンバーが記憶しておくべきです。

さて、声量にも強弱が必要でしょうし、重要なところはゆっくりと話し繰り返すことも必要です。どこかのデマゴーグのように派手なポーズは必要ないと思いますが、身振り・手振りは自然にあった方がよいです。

時間は守らなければならないので、この本のルールでは、タイムキーパーを決めておいて合図させることにします。

このように注意事項を考えていくと、予行演習が1回は必要でしょう。PowerPointの「リハーサル」や「スライドショーの記録」の機能を利用して予行演習を行うと便利です。

良いディベータは良い評価ができるものです。他人のディベートの正当な評価ができないものは良いディベータにはなれません。どれだけの準備をしたかも、準備をした経験があってはじめて評価できるのです。

皆さんに評価をさせると、甘い点でかつ同じ点を両方につけることがほとんどです。このような場合、レフェリーが最悪の評価を受けるのです。違いがわからない人は、駄目なのです。良い点・悪い点を正当に評価できて初めて一人前です。良いと評価した箇所は、（表現が悪いのですが）「盗む」べきです。悪いところは反面教師とします。

さて、いよいよ最終課題です。

📄 課題

ディベートの課題について、（役割演技でない）自分の考えをレポートにしなさい。

第12章　試験の受け方

　この章では試験の受け方を説明します。大学教育において試験とはどのような意味があるのか。どのような準備をして試験に臨んでほしいと教員は思っているのかを説明します。試験を受けるときに守らなければいけないルールは、常識でわかるはずですし、各大学の規定を一読しておくべきです。

§1　なぜ試験をするのか

　多くの大学の1セミスター（学期）で開講される1科目は、取得2単位を認定されることになっています。週1コマの授業でなぜ「2」単位が認定されるのでしょうか。文部科学省の定めるところでは、授業前の予習1時間程度・授業後の復習1時間程度をすることを踏まえて $1+0.5+0.5=2$ という計算により2単位が認定されるということです。ですから、学生の皆さんには、たとえば一日3コマ履修しているなら、授業とは別に日々6時間程度の自学・自習が公式には求められているのです。

　大学は単位制を取っています。文系大学の多くは124単位が卒業要件単位数です。2単位を取得したということは、週2時間程度の学修をして、その科目の内容について必要な知識または技能を身に付けたと大学が認めたということです。これは一つの社会的な保証です。ただ授業に出席しただけということで、この保証ができるでしょうか。大学は教育機関として、やはり試験をして知識が理解されているかを確認しなければなりません。

　試験を課するのは、試験というプレッシャーが無いと多くの学生の皆さんが学修をしないからで、勉強せよと皆さんに鞭を当てるためでもあります。つまり、皆さんのための試験なのです。

　また、試験は大学のためでもあります。近年、大学の「卒業生の質保証」ということが言われていますが、大学は社会の役に立つ有為な人材を供給するこ

とを求められているのです。124単位を取って卒業した皆さんが、じつは何も知らない上に新聞も読めない○○であったら、出身大学の評価も低いものとなり、受験生も来なくなり、いずれは滅びるでしょう。つまり、皆さんにしっかり勉強をさせてこその大学なのです。大学のためにも試験はあるのです。

　学生のためかつ大学のために試験があるはずなのに、多くのそれとは異なる現象が頻発するのはなぜでしょう。答えは風に吹かれて考えてみましょう。

1）どのような科目において試験の得点が成績判定に重視されるか

　大教室で行われる講義では、期末試験を定期試験期間等に行う場合、平常点の評価を出席でするしかないので、試験のウェイトはとても大きいと言えます。文科省は6割未満の出席しかない学生には試験を受けさせるなと指導していますから、出席が少ない学生の単位認定は困難です。出席が6割を超えていても、たとえ全出席であったとしても、期末試験で20点や30点しか取れない学生の単位取得は不可となるだろうと思います。率直に言って、学習をした結果が試験の答案に現れていないのでは、私は評価する気にもなりません。出席は単位取得を保障するものではありません。

　実習などの科目は、平常点のみで評価し試験が無い場合もありますが、最終実技試験がある場合もあるので確認しましょう。

2）ゼミ（演習）等の成績評価

　ゼミ（演習）等の科目は、ほとんどの場合は試験が行われずに成績が評価されます。試験というものは、あくまで一般論ですが、文科省が指定している6割以上の出席という条件を満たせば、出席は最低レベルでも試験が100点なら最高評価となる可能性もあり得ます。反対に、15回全出席しても試験が0点なら単位取得ができないということもあり得ます。

　しかし、ゼミ（演習）はあくまでも出席が重視されます。それはゼミの教育意義が、すでに述べたように、議論に参加してその場で論理的な討論を行うことにあるからです。

　したがって、ある教員は出席10〜11回はC、12〜13回はB、14〜15回がAと出席に応じた評価を予め決めておき、発表と授業中のパフォーマンスと課題（レポート等）の良し悪しでそこから評価を上げたり／下げたりするという方法を取っているそうです。ゼミは全出席が基本なのです。もちろん、出席していても課題を出さなければ単位取得できないという方針の教員もいま

すので、注意すべきです。

§2　試験対策を行う

1）情報収集からはじめよう！
　教員はだいたい毎年度同じような方針で成績判定を行うものです（面倒なのでそう変えられるものではありません）。したがって、サークルの先輩などから、あの○○先生の××科目は、どんな成績の評価でどんな傾向の試験であるかという情報を入手しておくことは、とても重要なことです。もちろん、優れた先輩なら前年度のノートまで見せてくれるかもしれません。前期なら6月末（試験の1カ月前あるいは授業が10回程度終わった時）くらいから、後期なら11月末くらいから情報戦に突入すべきです。
　Webページの情報を参考に見るのはよいですが、信用してはいけません。真面目に勉強をする優秀な学生が書き込みをしているとは限らないからです。

2）期末スケジュールを入手する
　教員は前期には6月中頃、後期には11月末頃には成績評価に関するアナウンスを開始するものです。自分が履修している科目について、どの科目がレポートであるか、平常点＋最終授業のテストであるか、定期試験であるか、その範囲や評価の種類、予想される試験問題などを確認してチェックリストを作りましょう。
　範囲や試験問題に関しては、教員の多くは最終授業には、もしくはその1回前には（最終授業に試験を行う場合）たいていは解説を行うものです（そうでもしないと落ちる学生が多すぎるので？）。したがって、最終から逆に数えて2回の授業は必ず遅刻せずに出席することが必要です。もちろん毎回の出席が原則ですが。
　試験は定期試験期間のみに実施されるとは限りません。毎回の小テストと平常点を組み合わせて評価する教員もいれば、最終授業に試験を行う教員もいます。近年急速に各大学に普及したLMS（Learning Management System：具体的にはBlackboard Learn、CoursePower、manabaなどの商標）を利用して小テストや課題などを課し、それらの得点を評価に加味する教員もいます。また、中間テストを実施し期末試験に加味して評価する教員もいます。ですから、授業には

すべて出席することが基本ですし、成績評価に関する情報をきちんと把握する必要があります。基本的な方針はシラバスに記載されていますから、読んで確認しておきましょう。

大学から定期試験の日程が発表されたら、先生から得た情報と照らし合わせて期末スケジュールを確認しておきます。最終回の15回目に試験をする先生もいますし、定期試験期間に試験を実施する先生もいます。

学期末は、多い人では、10科目以上のレポート作成や課題作成、また試験の準備で忙しいはずです。どの科目にどれだけの時間を割り当てて準備するか、自分なりの最適化を試みなければならないわけです。このとき、試験の出題傾向に関する事前情報がものを言います。このように考えてくれば、今日も試験、明日も試験、明後日も試験という試験が続く期間を耐え抜くことは、社会人として必要な自己管理能力を鍛えることです。何のための試験なのかといえば、一つは自己管理の修行だと言えるでしょう。

§3　どのように試験勉強すべきか

既に述べたように、試験の出題形式と出題傾向について授業に出席して情報を得なければならないし、同時に先輩や同級生からの情報収集も必要です。もちろん、出題者である先生に質問するのもよいでしょう。ただし「どんな問題が出ますか？」などという味わいの無い質問をしてはいけません。「どこがわからなくて、どんな勉強をしたらよいか？」などというさりげない質問から教員の反応を探るのがスマートです。幸運にも（幸運は勉強によって開かれるのです！）出題対象に関する質問であれば、先生はそれとなく丁寧に説明してくれるはずです。

1）論述式

論述式の問題は、予め問題が授業中に提示されていることが多いと思います。提示されなくても出題は必ず講義の中にあるはずです。したがってノートを読み返すことがなんと言っても重要です。このことは既に第5章の「ノートの取り方」で説明してあります。

友人と勉強会を開き対策を練ることも有用です。お互いにノートを見せ合って、自分のノートに欠落している情報を補い合い、模範解答を練ることは、重

要な体験となるはずです。しかし、断っておきますが、友人と同じ解答を書いてはなりません。これはほとんどの場合不正行為と見なされます。理解は自分自身の言葉で語らなければなりません。私は授業でよく言っているのですが、「真の理解は常に孤独なものなのです」。ですから、どこかのWebページ上にある模範解答などをちょっと手直しして自分の解答としてもいけません。これは他者の理解であり自分の理解ではないからです。
　そしてさらに、これは「剽窃」という著作権法違反（著作人格権の同一性保持権の侵害）の犯罪です。この著作権の問題については、第6章「文献検索」でくわしく解説しました。もちろん「剽窃」により単位取得はできません。

　私は論述問題をうまく書く自信はあまりありません。それでもあえて書き方を提唱してみます。

① まず、問題文をよく読み、予告された通りの問題かそうでないかを確認する。
② 予告された問題であったら、準備したもので対応する。そうでない場合は対応を考える。論旨を準備したものに引き付けてなんとか解答できないかを考える。
③ 多くの場合、まず結論を明示して書く。これが序論となります。
④ 次に、その結論を支持するための本論を書く。ここではテキストやノートからの引用を含めて勉強していることをアピールすることが肝要です。
⑤ 最後にまとめて、序論での結論を繰り返して書く。
⑥ 丁寧な字で書いて、一度は読み返して誤字・脱字を訂正し、読みにくい文章を修正してください。読み返して「直しが入っている」答案と、そうでない答案では、印象が格段に異なります。成績評価も異なることでしょう。

　ここは本書の「第8章　レポートの書き方」も参照してください。

2）穴埋め・記号選択式
　穴埋め・記号選択式の場合は、教科書・ノートの重要事項・キーワードを覚えなければなりません。日本の大学の教育では「暗記」はともすれば軽視されがちだと思います。しかし、論理的に理解した事項というものは、丸暗記しなくても覚えていることができるものです。また、多くの大学生諸君の知識は、率直に言って、絶対的に不足しています。学習した多くの事項を覚えることは

必要なことです。何を覚えるべきかは、第5章の「ノートの取り方」を読み返して検討してください。ここにきて自分のノートがない、まったくダメなノートであることに気付いた方は反省の時です。

　大学生は、「こんなことも知らない大学生」と後ろ指を指されないように、知識を詰め込む努力をすべきです。アメリカの大学生はそれまでの知識が非常に不足しているせいもありますが、1週間に数冊の本を読み、内容をまとめるという猛烈な詰め込みを日々行っています。大学入試もかつてのような受験地獄など今は昔なのですから、今こそ人生に一度の詰込みの時です。

3）持ち込み可・不可

　教科書持ち込み可の試験は、ある程度書ければ「通してあげましょう」という性格のものと、教科書がそこにある程度ではどうしようもない歯応えのある試験とに分かれます。持ち込み可の試験を歓迎する学生諸君も多いですが、油断すべきではありません。どこが重要であるか、どのような論述を展開すべきか、事前に準備しておかないと、良い解答は作れません。試験情報の収集を怠らず、どのような出題がなされるか、どのような解答を書くべきかを、事前に教科書とノートを読んで真剣に検討すべきです。このときにもノートが役に立つのです。

　私は統計学も教えていますが、試験は教科書や配布プリントなど持ち込み可としています。これは正規分布などの数表が無いと解答できないからです。「持ち込み可」とされているすべての試験が、その場で教科書を読んで答えられる性質のものはないことを理解すべきです。

📄 課題

　次期試験科目の日程と過去の傾向と対策を調査し、その試験に対する自分なりの対策を立ててみましょう。

　試験の日程と傾向と対策を記した次ページのような表またはExcelファイルを作成しなさい。＊巻末の用紙を使って提出すること

＊試験の日程と傾向、対策

		1限	2限	3限	4限	5限
月曜	科目名					
	試験日時／教室					
	試験の形式／傾向					
	対策					
	メモ					
火曜	科目名					
	試験日時／教室					
	試験の形式／傾向					
	対策					
	メモ					
水曜	科目名					
	試験日時／教室					
	試験の形式／傾向					
	対策					
	メモ					

		1限	2限	3限	4限	5限
木曜	科目名					
	試験日時／教室					
	試験の形式／傾向					
	対策					
	メモ					
金曜	科目名					
	試験日時／教室					
	試験の形式／傾向					
	対策					
	メモ					

§4　GPA（Grade Point Average）

　ほとんどの大学では、これまでの優・良・可・不可という評価方法をやめて、アメリカで一般的に行われているGPA制度を取り入れていますので、この成績評価方法に関して説明します。

　皆さんが受けた試験や提出したレポートなどは平常点を含めて評価され、各科目別にS（A+）、A、B、C、D、E、Rなどのグレードに評価されます（これは各大学により異なります。各評価記号が何を意味するかは「学生便覧」などで確かめておきましょう。最終的なGPAは大学間で同じものになります）。

皆さんの成績は各学期末に成績評価が終わると、以下の計算式に従って計算され、GPAとして総合的な成績指標となります。

$$GPA = \frac{Sの数 \times 4 + Aの数 \times 3 + Bの数 \times 2 + Cの数 \times 1}{全履修科目数}$$

つまりGPAはその学生の総合的な成績を示しているのです。GPAが1点台ならばCが多い成績、2点台ならBが多い成績です。3点台だとAが多く、ことによってはSもあるという優秀な学生ということになります。

GPAの分母は全履修単位数なので、単位取得「不可」のDや放棄したR判定の科目も分母に含まれます。したがって、取得する気もないのに卒業のために、などと保険をかけすぎると、GPAの若干の低下を招くことになります（保険をかけないのも危険なのですが）。

単位がCで認定されたということは、最低限度の学習しか達成していないという評価ですから喜べません。いわば、学習能力は最低ランクであると評価されているのです。といっても、S、Aを乱発する科目でA評価であっても実質は変わりません。実力がなければ、働いてもすぐに襤褸（ぼろ）が出るでしょう。

若年労働者にも高い労働能力が要求される昨今、バイトに精を出すより、学習して良い成績と実力を身につけて卒業すべきでしょう。そのためにも試験という一つの目的に対して努力することは意味があるのです。

§5　この章の終わりに

私は社会学者なので、教育社会学の教えを一つ紹介しておきます。

高等教育の社会的機能のうち重要なものの一つが「選別機能」です。これまで日本の大学教育では、この選別機能はあまり言及されることが無かったように思います。大学に入学するということが一つの選別であり、入学者自体は大学の序列により選別されることはあったとしても、大卒者自体は優遇されて就職できたからです。しかし、大学進学率が50％を超える現在、そのような状況は急速に失われつつあります。大学進学率が50％を優に超えるアメリカでは、大学内で過酷な選別が行われています。アメリカでは、卒業できたことが選別された証であって、入学したことではありません。

日本でも、出生数の減少に伴い大学進学率が50％を超え、経済的な条件が

整えば誰でも大学に入れるようになってきました。そして、そのために、大学生の大学生としての価値が真剣に議論されるようになって来ました。文部科学省はこれからも卒業要件の厳格化を求めていくでしょう。これは長い眼で見れば、決して誤った方針ではありません。大学生は、どの大学を卒業したかではなく、入学した大学でどのような知識・教養を身に付け、有為な人材となり得るかが問われるようになるのです。

　経済学の科目でCばかりの学生が金融系の企業に就職できるでしょうか？ 語学ができない学生が外資系の会社に就職して活躍できるでしょうか？　新聞を読まない学生が雑誌の出版社に就職してまともな企画が練れるでしょうか？ 自分が専門的に学ぶこと－学んだことは何であるか、皆さんは他人に具体的に語ることができますか？

　大学で何を学び、結果としてそれについてどのような成績を修めたかということで「選別」が行われる時代が迫っているのです。楽に卒業できることを喜んで、それに甘えてはいけません。それは自分をスポイルすることなのです。

参考文献（教育の社会的な機能などについて考えたい方へ）
岩永雅也,『教育社会学　新版』, 放送大学教育振興会, 2007.

【コラム】留学・進学とGPA

　GPAの得点は、留学のときに大学・大学院の受け入れ基準となる場合もあります。アメリカの有名大学の大学院では、学部卒業時のGPAがたとえば3.5以上であることを大学院入学の条件としたりすることがあります。わが国でも、大学院への進学のときに学部時のGPAを評価項目とすることは、今後は十分にあり得ることです。ですから、進学を希望する人はある程度のGPAを取らなければならないでしょう。

　もちろん採用選考時に大学の成績をまったく参照しない企業もあります。

第13章　現代社会を考える

§1　現代社会を生きる

　現代社会についてこのセクションで十分に語ることなど到底可能な課題ではありません。しかし、このセクションでは、あえてこれから学生諸君が立ち向かわなければならない問題に焦点を絞って論じたいと思います。

　中世の身分制社会ならいざ知らず、現代社会では誰もが職業を持って働き収入を得て生きていかなければなりません。しかも資本主義という社会体制においては、誰もが努力して、より効率的により良い財・サービスなどの生産を行うことが促されます。すなわち、資本主義社会で働くことは「競争すること」といっても過言ではありません。「競争」が諸悪の根源だとして、競争を社会から排除しようという「共産主義」という試みも20世紀にありましたが、成功しませんでした。

　この競争は、20世紀中葉から急速に世界的規模で展開し、日本社会を大きく変貌させ、次のセクションで述べられているように、大卒者に求められる資質を変化させています。経済的に繁栄する日本での相対的な高賃金を求めて、周辺国から労働者が流入することにより、労働者の賃金はつねに低下圧力にさらされています。同じ仕事をしてくれるなら、経営者は海外からの安い労働力を使いたいと思っています。つまり、繁栄する日本自体が賃金低下の原因なのです。海外から労働力が流入することは、我々がより良い賃金を求めて職を変えることと本質的になんら差異がありません。こうした状況で、普通に仕事をして高い賃金を得ることは次第に困難になってきています。これはアメリカやEU諸国などがすでに苦闘している状況なのです。事実、排外主義は先進国で一定の政治的な支持を受けるに至っています。

　と上記のパラグラフを初めて書いた時（2009年）には、2016年のイギリスのEU離脱決定、2017年にアメリカのトランプ政権が誕生することを、私

も予想できませんでした。排外主義は弱まる気配もなく、わが国にも「日本ファースト」などという政党名を臆面もなく掲げる輩が出没しています。このネーミングはノリだけなのでしょうか。もちろんこれらの排外主義は正義に悖るもので、私は断固支持しません。

　2009年には、AI（Artificial Intelligence）の影はありませんでした（その時もAIは研究され応用されてはいたのですが、注目度は低かった）。しかし現在AIは、人間を脅かす存在としてその脅威が喧伝されています。いわく「AIによって将来なくなる仕事」とかいう言説が垂れ流されています。安心してください。私が皆さんよりこれまで長く生きてきた人生のうちで、AIやコンピュータが人間にとって代わるという言説は、過去にもありました。そしてそれは外れています。画期的な技術革新があると、社会はこう変わるというネタで売り出したり、金儲けする輩がいつもいるものなのです。しかしそれらは競馬の予想より低レベルかもしれない、ただのカン程度のものです。将来の社会の変化を予測する理論的な知はいまだありません。

　しかし、皆さんが大卒者としてそれなりの給与を得るためには、この競争の中で、社会の誰かに必要とされる何らかのユニークな専門性を身に付けなければならないのも、依然として事実です。そのような専門性は、おそらく社会人として基礎的に必要とされるものをベースとして体験的に形成されるものでしょう。この社会人基礎力として何が必要かは、次のセクションで具体的に考えていきます。

　この世界的大競争の中で皆が豊かになることは、非常に困難な課題です。それは永遠の課題でもありましょう。この章を書いている2017年には、グローバリゼーションとその害毒がようやく多くの人に認識されるようになりました。アメリカやイギリスのように、それらグローバリゼーションは、排外主義という劇薬と激しいぶつかり合いを展開するのでしょうか。かつてブロック経済とファシズムの侵略がぶつかり合ったように。

　大学卒業後の少なくとも40年余りを生き抜くことは、ある意味大変なことです。我々が大学で学んだ教養（本当の教養はすぐにはわからない、目には見えないものです。でも風格は自ずと備わるものです）は、職を得るときにはあなたをしっかりとサポートし、ある時は競争に疲れた人生に潤いを与え、小説や詩は或る時は孤独な自己を励ましてくれることでしょう。また、学生時代に培った人間関係はあなたの支えとなることでしょう。現代社会ではさまざまな局面において、「自分の頭で考え正しい判断が下せること」が求められます。

正しい判断がくだせない社会人は多いのです。それはニュースをみればわかります。

「自分の頭で考え正しい判断が下せること」は、論理的な学びを基礎にしてはじめて獲得できるものだと信じます。「贋物」を見抜く力は本物を知って始めて身に付くのです。大学生活で培ったものは、皆さんの今後の人生全体に関わっていくものです。大学生活は、これまでそれほどの問題意識もなく暮らしてきた皆さんが、現代社会を生きることを、意識的・能動的に考えるチャンスなのです。

課題

文中の「何らかのユニークな専門性」に関して、将来の自分の専門性について考えてみましょう。「何になりたいか」を問うのではありません。ケネディ大統領ではありませんが、自分自身のために「あなたに何ができるのか」を問うてみましょう。

参考文献
自由と正義について考えたい人は
川本隆史,『ロールズ－正義の原理－』, 講談社 現代思想の冒険者たち Select, 2005.
土屋恵一郎,『正義論／自由論：寛容の時代へ』, 岩波現代文庫, 2002.
グローバリズムについては
川北 稔,『砂糖の世界史』, 岩波ジュニア新書, 1996.
川北 稔,『知の教科書ウォーラーステイン』, 講談社選書メチエ, 2001.
J. E. スティグリッツ著／鈴木主税訳,『世界を不幸にしたグローバリズムの正体』, 徳間書店, 2002.

§2　社会人に要求される能力

旧版では「社会人基礎力」について、経済産業省の見解や文部科学省の中央教育審議会答申などを交えて書かれていました。経済産業省の「社会人基礎力」については http://www.meti.go.jp/policy/kisoryoku/ を、文部科学省の「学士力」については http://www.mext.go.jp/b_menu/shingi/gijyutu/gijyutu10/siryo/attach/1335215.htm を参照してください。

本セクションでは別の観点から、社会人に必要とされる能力を提案します。私は以下の3つの能力が必要だと考えます。

① 誠実であること
② 他者の権利を尊重できること
③ 広い視野に立ち必要なら深く考えられること

「社会人基礎力」に関しては、企業側と学生側に認識のギャップがあることが、経済産業省が実施した「大学生の『社会人観』の把握と『社会人基礎力』の認知度向上実証に関する調査」（2009年）で指摘されています（http://www.meti.go.jp/policy/kisoryoku/）。これらを検討してみましょう。

学生側が足りないと思い、企業側は十分だと考えている基礎力として、以下の4つが指摘されています。

① ビジネスマナー
② 語学力
③ 業界の専門知識
④ PCスキル

これらは、いわば「にわか勉強」で何とかなるものです。だから多くの学生には十分備わっています。「語学力」は、必要だとよく言われますが、特定の業種を除けば、英語が通常業務で大いに必要とされることはほとんどないでしょう。だから多くの企業はそれほどの英語能力をそもそも要求していないのです。

それに、必要なことを外国人の交渉相手と話すためには、その分野の知識が背景知としてなければなりません。必要な文献を事前に読んでおくくらいの英語力が必要です。英会話ができても無意味です。日本では、国を挙げて「英会話力」の向上を意図し、小学校から会話重視の英語教育を始めたようですが、成功しないでしょう。読み・書き・会話のバランスがない語学力は無意味です。アメリカ人の多くは英語はペラペラですが、給料の高い仕事について稼げる人は少ないです。必要なものは英会話能力でないことはハッキリしています。

反対に、不足していると企業側に挙げられているものは、以下の4つです。

① 粘り強さ
② チームワーク力
③ 主体性
④ コミュニケーション力

どれも促成栽培できないものです。どうやったら力が付くかもよくわからないものばかりです。ここで私が提案する3つの能力を再び見てください。

　① 誠実であること
　② 他者の権利を尊重できること
　③ 広い視野に立ち必要なら深く考えられること

　誠実さは、粘り強さにつながります。誠実に努力して学修した者は、知らず知らずのうちに粘り強くなっているものです。要領よく楽単で単位修得した学生が粘り強い訳はありません。

　また、チームワーク力でも、誠実さは大切です。その場しのぎの適当な奴と良いチームワークが組めますか？　相手が誠実に努力している姿がわかれば、自分も努力できるものなのです。社会は鏡なのです。あなたは他者の権利を尊重しない人と一緒に働けますか？　部下の権利を尊重しない上司の下で働きたいですか？　互いの権利を尊重しない人々にチームワークはナンセンスです。

　「主体性」とはなんですか。自分の利益のために行動することでしょうか。それでは一種のサイコパス（反社会的人格を指す心理学用語。冷酷で自己中心的で結果至上主義であるとされる）です。「主体性」とは、問題に即して自分で考えて対応を提案できる能力と重なっていると思います。結局、「広い視野に立ち必要なら深く考えられること」なくしては、主体性を持ちえません。勉強もせずに楽に単位を取って「広い視野に立ち深く考えること」ができるでしょうか？　結局、真摯に学を追求することしかないのです。

　昔の人は、そういう己を磨く学問の大切さをよく理解していました。たとえば幕末の吉田松陰は、

　　およそ学をなすの要はおのが為にするあり。
　　おのが為にするは君子の学なり。人の為にするは小人の学なり
　　　　　　　　　　　　　吉田 松陰,『講孟箚記（上・下）』
　　　　　　　　　　　　　講談社学術文庫, 1979, 近藤啓吾翻訳.

という言葉を残しました。学ぶことは自分を磨くためであり、人に勝った知恵者になろうというのではないという意味です。必要とされる資質は、ひたむきで着実な学びでしか育たないのです。

　幾何学の講義が面倒くさいと思ったプトレマイオス王は、「もっと簡単にわかる方法はないのか」と師ユークリッドに尋ねました。そこで「幾何学に王道

なし」とユークリッドは答えたのです。簡単に解き方を覚えることは、学問ではありません。解答へと至る論理を体得するのが学問なのです。己を鍛える途はこれ以外にはないのです。

「コミュニケーション力」とは何でしょうか。口から出まかせの適当なことをいうのではないのです。「おしゃべりで」「口がうまい」ことではありません。それでは詐欺師です。まさに

　　巧言令色、鮮(すく)なし仁

なのです。誠実に自分の考えが伝えられることがコミュニケーションの基本です。だから自分の考えがない人は、コミュニケーションできないのです。「広い視野に立ち必要なら深く考えられる」能力がなければ、そもそもコミュニケーションする内容がありません。

そういった能力は、ゼミなどで発表して、まじめに勉強して準備し、誠実に質疑応答することで鍛えるしかないのです。わからないなら、「そのことについては調べていないからわかりません」と答えることが重要なのです。「どこまでわかっており、どこからわからないか」を明らかにするのが、「無知の知」です。誠実でなければ「無知の知」にはなれません。知ったかぶりの相手とコミュニケーションすることは不毛です。

　　知りて知らずとするは上なり。知らずして知るとするは病(へい)なり。

コミュニケーションする相手が、あなたの権利を尊重しない自分勝手な人だとしたら、あなたはその人とコミュニケーションをする気になりますか。

私が提案する3つの能力は、普通の人なら誰でもそのベースをいくらかは有しています。それをあと3年間の学生生活でどれだけ鍛えられるかが問題なのです。

§3　ITスキル

学生のPCスキルは十分であるというのが企業側の意識です。これには異議があります。評価する側のPCスキルが十分とは言えないと思うからです。今の大学生は、スマートフォンで何でもできると思い込んでいるようなところがあります。これはぜひ改めてもらいたいものです。

スマートフォンでは、論文やレポートを書くことはできません。スマートフォンで書いたなどと豪語する学生もいますが、このようなケースで、著作権法に違反せずに書くことは不可能でしょう。自分の考えを論理的な文章にするということに関しては、スマートフォンは役者不足のツールなのです。ワードプロセッサでレポートを書かなければなりません。

　また、スマートフォンでは、資料をグラフ化したり、統計分析したり、プログラムを書いたりする比較的高度な情報処理をするのにはどうしても無理なところがあります。ですから大学生には、PCを使ってレポートを書いたり、レジュメを作成したりする経験がどうしても必要なのです。

　情報セキュリティについての素養と心構えも必須です。これも不足していると思います。インターネットはもはや犯罪者の巣窟と化しています。スマートフォンにもウイルス対策ソフトをインストールしてください。

第14章 自分の進路について考える

　大学を卒業したら就職するというのが普通ですが、この章では、もう少し別の可能性も考えてみたいと思います。皆さんが就職をめざすのはなぜですか。「大学を出たら就職して両親を楽にさせてあげたい」などと殊勝なことを言う皆さんですが、大学までの学費を負担してくれたご両親は「両親を楽にさせたい程度の考えで就職というイベントを決めてほしくない」とさだめしお考えのはずです。

　就職するのは、「就職しないと食っていけないから」というのは一面の真実ですが、この真実の裏にあるもっと大切なことに気づかなければなりません。就職とは、これまで学校教育という人間関係の網の目の中にあった皆さんが、企業などが主たる役割を演じている別の社会関係へと移行する大きな転機なのです。人間は他者との社会関係なくしては生きていけません。就職は、これからどのような社会関係の中へ入っていくかを決めることなのです。

　私は、たまたま学問に惹かれて、大学という社会関係の中に生き続けていくことを無自覚に選択しました。大学院に進学してからすぐに、当時の社会学に幻滅して呆けたことを覚えています。そのようなときにも、考えてみれば先生や先輩のアドバイスや研究室での学業・仕事をこなしていくことで、道が自然と開けた気がします。

　そう、大切なことは、職業と共に人間関係を選ぶことなのです。でも、そこがどのような人間関係の場であるか見極めることができる人は誰もいません。就職活動は自分を売り込むことだけが目的ではないのです。職場の雰囲気をリサーチする絶好の機会として人間関係を観察すべきです。口では「社会貢献」と言いながら、汚い金儲けに邁進し若い社員を奴隷のようにこき使う企業もあるのです。しかも、その正体は就職活動をする学生には巧妙に隠されており、どの企業も「社員を大切にする」などとのたまっているのです。

　会社に選ばれるのではなく、会社を選ぶべきです。名が通っていなくても、多少給料が安くとも、良い人間関係が形成されている職場を選ぶという選択肢

もあるのです。

§1　就職だけが人生か？－当面続く売り手市場－

　就職だけが卒業後の進路でしょうか。もちろん進学という選択肢もあります。より高度な教育と、研究の機会を求めて大学院に進学する選択肢もあります。自分には別の職業が適していると自覚して、その職業のための資格が必要なら、専門学校へ進む道もあります。

　日本は人口減少期に突入し、今後数十年は、労働力人口は基調として不足です。AIに制御された機械化が労働力不足を補うといっても、労働力不足の基調を変えるのは不可能だと思います。つまり、皆さんは貴重な労働力なのです。○○ノミクスが成功しなくても（成功していないが）、労働力不足を背景とした求人倍率の上昇があり、今後の長期的トレンドとして労働者の賃金の上昇は必然です。皆さんは誰もが、売り手としての強い立場に立てるのです。もちろん、業界・業種によってこのセオリーが成立しないものもあります、たとえば、本格的な淘汰の時代を迎える高等教育業界などは苦しいときが続くでしょう。

　若い皆さんは、将来性のある分野を選択できるのです。新聞を読め、ニュースを読めと我々が言うのは、本当は就職の面接のためではありません。自分に適した将来性のある分野を探す知識を得るためなのです。大学で学ぶことの真の意義はここにあると言っても過言ではありません。

　どんな職業に将来性があるかは、神ならぬ身に知る由もありませんが、参考となる意見を述べることはできます。皆さんの多くは、「人見知り」だとか「営業職のような金儲けは苦手だ」などと言いますが、今後、AIが進行してもまず処理できないのは、人間へのその時その時の臨機応変の対応です。だから、営業職は絶対になくならないと断言できます。AIに人間の代わりはできないのです。定型的で正確性が要求される事務職こそが淘汰の対象となるのは目に見えています。公務員でも単なる事務職は削減されざるを得ないはずです。税収も減るのですから、事務の効率化はますます追及されるはずです。

　人口減少が始まった日本では、高度経済成長期に建設された橋やトンネルなどのインフラストラクチュアの維持・補修、更新が次第に深刻度を増して顕在化してきます。それらに関連する職業は、おそらくますます必要でしょう。その関連の業種の将来性はあると思います。このような思考をめぐらすためにも、

新聞などでニュースを読む必要があるのです。

§2　人生誰もが不安である

「安心して暮らせる社会」などとよく言われますが、これは政治家の選挙目当ての偽りのスローガンです。人生に不安はつきものです。不安に耐えるのが人生です。本当に安心できるのは死んだときだけでしょう。

私は、大学院生時代には、就職したらゆっくりと安心して暮らせるのかなと感じていましたが、そうではありませんでした。業績作りに教育に結構慌ただしく生活していたと回想します。子育てが終わったらのんびりと暮らせるかなと願えば、そこには老年と死が待っています。不安の中を生きることが真実です。「ダモクレスの剣」という逸話を知っていますか。権力者や富貴を極めた者にも、いっそうの不安と危険があるのです。

就職が決まって人生安心、とは心得違いもいいところです。未知の大海へと漕ぎ出すことが始まったにすぎません。そういう覚悟があれば、こんなはずではなかったと後悔の念に苛まれることもないのです。自分の将来は行き当たりばったりで、その時々に誠実に精一杯対処するという心持があればよいのです。成功の秘訣も、安心の秘訣もありません。そういう秘訣を説く本などはすべて「嘘っぱち」です。大学教育の意義は、そういう本に対する懐疑を持つことにもあるのです。多くの大卒サラリーマンがそういう本を読んでいるのかと思うと、大学教育はたいしたものではなかったのだと反省する以外にありません。

では、将来の日本社会について少し想像をめぐらしてみましょう。人口減少で皆さんはどのような選択をすべきか考えてみましょう。

§3　グループワーク：ある市での生活

次ページに示したグラフは、ある日本の市における将来の人口の予想される変化です。

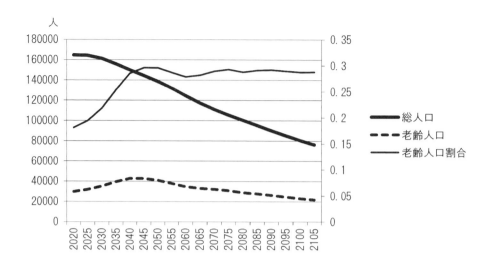

まず一人で考えてください。
・この市には今後どのような問題が生ずるか考えてみましょう。

・あなたがこの市の住民であったとして、この市に住み続けるべきかどうか考えてみましょう。理由を付して答えなさい。

次にグループで話し合ってみましょう。
・このような問題を考えるときに、不足している資料・データがないか考えてみましょう。

・将来人口の計算がどれほどの妥当性があるか考えてみましょう。

§4　自律の幻想－成り行きで決めることの真実－

　話し合ってみて感じませんか。個人が選択できることは、じつはわずかであり、その判断の根拠も十分ではないことを。我々の選択の多くが、その時その時の「なしくずし」にすぎません。我々は、不十分・不完全な情報で（しかもそうであることも意識もせず）、結構重要なことを決めて生きているのです。

　我々は自己決定が大切なことだと教えられていますが、現実は、成績は教師に評価され、入社希望の企業にも勝手に評価されて落とされ、好きな人に嫌われる、自己決定とはおよそ縁遠い存在なのです。

　近代市民社会は市民の自律的な決定を至高の価値としましたが、これは市民革命と市場原理主義のプロパガンダであることは明白です。そもそも、市場メカニズム自体が、個人の決定が相互依存していることを明示しています。つまり、我々は周りの人とともに流されて生きる生物なのです。「自律」とはそのような生物の理想なのです。

　成り行きで決めることが真実であり、その成り行きの過程でどれだけ良い決定ができるかということなのではないでしょうか。そのためにこそ自分を鍛えるべきなのです。事に臨んで道を誤らぬ知識と教養を身に着けておくことが大切だと思います。

　良い人間関係がどれだけ自分の周りに築かれているかも大切です。周りに流されて生きるのが真実ですから、周りが良ければ良い方向に流されて行けるのです。師や先輩や友を選ぶことも重要です。

　　道は常に無為にして、而も為さざるは無し

第15章　就職活動を考える

　大学に入ったばかりなのに「就活」（就職活動）と言われると、少しは遊ばせて、と思うかもしれません。しかし、就活は3年生の後期試験が終わる2月頃に始まりますから、入学時点から数えても3年弱しかないのです。

　高卒と大卒では、同じ新入社員でも大卒の方に高い給与を設定している企業がほとんどです。大卒者は4年間勉強している分、専門的な知識やより広く社会を見ることができる視点をもっており、将来幹部となる可能性が高い人材だと企業は考えているからです。

　その期待に応えられるよう、「自分はこういうことをしてきた」「自分はこういうことができる」と自信を持って言えるような学生生活を送りましょう。

§1　就職の状況

1）卒業後の進路

　大学卒業後の進路は、多くの場合、企業や公共企業体（公務員）への就職ですが、自営の会社に入る（＝親の後を継ぐ）や、まれには起業するなどもあります。大学院や専門学校に進学する・留学する、特には何もしないなどもあります。

　2017年3月の卒業者で見ると、大学院への進学11.0％、就職76.1％、臨床研修医1.6％、専修学校・外国の学校等入学者1.0％、一時的な仕事に就いた者1.6％、左記以外の者7.8％、不詳・死亡0.9％となっています（文部科学省「学校基本調査 平成29年度結果の概要」）。

　一番多いのは、就職するであり、文部科学省と厚生労働省の調査では、2017年3月に卒業した大学生の就職率は97.6％（前年比0.3％増）でした。ただし、この数字は就職を希望した学生の97.6％が就職できたということであり、全卒業生の97.6％が就職したということではありません。

ここで気に掛かることは、就職できなかった・一時的な仕事に就いた・左記以外の合わせて 10％に近い人々です。なぜ気に掛かるのかと言いますと、日本の現状ではまだまだ「新卒優遇」の採用状況があり、優れた技能や豊富な経験を持たない人々の中途採用は厳しい状況にあるからです。

２）正規雇用と非正規雇用

　大学から新卒で就職し「正規雇用」となった場合と、正規雇用以外の雇用すなわち「非正規雇用」となった場合では、さまざまな面で大きな違いが生じます。非正規雇用とは、パートタイマー、アルバイト、契約社員、派遣社員などの形態での雇用を指します。

　まず年収の違いです。2015 年の場合、正規雇用だと年収は平均 485 万円ですが、非正規雇用だと 171 万円です。その差は 314 万円もあります（国税庁「平成 27 年分 民間給与実態調査結果」）。

　雇用の安定性についても違いがあります。正規雇用と非正規雇用の大きな違いは、雇用期間が限定されるかされないかです。正規雇用では定年まで勤められますが、非正規雇用では最長 3 年が基本です。業務時間は正規雇用では全員一律ですが、非正規雇用では契約ごとに設定されます。転勤は正規雇用では有りが基本ですが、非正規雇用では（契約によりますが）無しが多いようです。

　非正規雇用のうち契約社員の場合、2013 年の労働契約法の改正によって、契約を更新して 5 年以上働いた場合、希望すれば雇用期間を定めない労働契約（無期労働契約）に切り替えられるというルールが施行されましたが、逆に作用する実態もあり、5 年未満で「雇い止め」になることも見られます。

　もうひとつ、結婚についてみてみましょう。

　50 歳時の結婚率は、男性 76.63％、女性 85.94％（2015 年、国立社会保障・人口問題研究所資料より算出）ですが、20 ～ 30 代の正規雇用の男性の既婚率は 27.2％、非正規雇用の男性の既婚率は 6.7％（内閣府「平成 26 年度 結婚・家族形成に関する意識調査」）です。正規雇用と非正規雇用とで既婚率に 4 倍以上の開きが見られます。

　また、結婚相手にめぐり会えるかについては、正規雇用で「めぐり会えると思う」は男女とも 65％以上であるのに対し、非正規雇用では男性で 46.3％、女性で 59.4％でした。さらに、適当な相手にめぐり会わない場合の対応は、「特になにもしない」が 16.4％ですが、非正規雇用の男性は 20.0％と高くなっています（上記の内閣府調査）。

年収、雇用の安定性、結婚率の違いについてみましたが、正規雇用と非正規雇用ではこのような格差が生じているのが現実なのです。

日本式の新卒一括採用には問題が多くあることも事実ですが、新卒時に正規雇用され正社員として入社できることが望ましいというのが実際のところです。

課題1　卒業後の進路
リーマンショックの後の2009年3月の新卒者の進路状況、就職状況を調べてみよう。

課題2　正規雇用と非正規雇用
40歳代の非正規雇用者の生活実態を調べてみよう。

§2　「就活」ってなにをするの？

「就活」とは就職活動の略であり、大学卒業後、企業や公共企業体（公務員）に就職するためにする活動です。活動の時期は、おおよそ、3年生の後期試験が終了する2月初め頃から4年生の夏休み頃までです。内定をもらえない場合や自分の希望にあった企業をさらに求める場合には、夏休み以降も継続することがあります。

就職するための活動とは、自分のもっている労働能力を企業に示し、正規雇用（終身雇用）してもらう労働契約を結べるように（結んでもらえるように）する活動です。

企業は、採用するためには（働いてもらうためには）、応募してきた学生が一定水準以上の労働能力をもっていることを確かめる必要があります。採用すれば雇用契約が終了するまで（定年まで）給料を支払うのですから、その能力の判定は慎重になります。

「就活」のおおよその流れは、①提出した履歴書やエントリーシートを審査する書類選考、②書類選考の合格者に対して実施する筆記試験、③さらにその後数回行う面接試験、となります。このような選考の中で、その企業が求める労働能力をもち、その水準の高い応募者から内定者を決めるのです。大学生を新卒で採用しようとする場合、企業は将来その企業の戦力となり、企業に貢献

し、幹部となる可能性が高い人材を求めます。採用すれば同じ額の給料を支給するのですから、応募してきた学生の中から能力の高い学生を選んで「内定」通知を出すことは当然です。

1）「就活」のおおよその流れ

この選抜の過程の大筋は以下のようなものです。

新卒学生を採用したい企業は募集をします。現在では「リクナビ」「マイナビ」などのサイトの利用が一般的です。学生はこの中から魅力を感じる企業を探し、「履歴書」と企業が指定する様式の「エントリーシート」に記入・作成して送ります。郵送もありますし、エントリーシート自体がWeb（情報通信網）仕様のこともあります。

いまだに郵送が利用されているの？と思われるかもしれませんが、意外に多いのです。その理由は、自筆の（手書きの）履歴書やエントリーシートを見たいからです。自筆ですと、字の上手か下手かはともかくとして（あまりにも悪筆は困りますが）、字の書き方から丁寧さや気持ちの入り具合などを見ることができます。誤字・脱字や、書き始めは1文字分を空ける、句読点は行頭にはもってこない等々の書き方の基本も見ることができます。

筆記試験では、一般的な学力や論理的側面の能力が測られます。また、性格テストなどが課される場合もあります。

筆記試験ではSPI（Synthetic Personality Inventory：リクルートキャリア社が作成した、性格や知的能力などを評価する総合適性検査）が有名ですが、独自に一般常識問題や時事問題、自由作文や課題作文を課す企業や、性格検査（YG性格検査、EPPS性格検査、エコグラムなどさまざまな種類があります）を実施する企業もあります。

エントリーシートはそれぞれの企業が独自に作成しています。各社が独自作成するだけに、非常にバラエティに富んでいます。この例については節を改めてみてみましょう。

多数の応募があった企業は履歴書とエントリーシートを点検・審査し、この書類審査での合格者を筆記試験、そして面接試験に進ませるのです。そして、筆記試験で企業の求める水準以上の成績を獲得し、人間性や社会人としての適性を主に見る2〜4回ほどの面接を経て、「内定」が出るに至るのです。

２）採用する側から見た「就活」

　学生を採用する企業の側から「就活」を見てみましょう。

　上のような流れを見ると、新卒学生を採用しようとする企業は相当額の費用を負担する必要があることがわかります。数千人ないしはそれ以上が応募する企業では履歴書やエントリーシートを点検・審査する人員を確保する必要があり、その費用が生じます。採用業務は重要業務ですが人事課の業務の一つに過ぎませんので、点検・審査に最初から課員が係わることは難しいこともあるのです。

　内定者が決まり内定通知を送っても、しばらくして内定辞退の返事が来ることがあります。この学生はもっと条件の良い企業の内定ももらえたのです。この学生にかけた費用は無駄になったとも言えます。このような曲折を経て最終的に新入社員が決まります。

　新入社員には新人研修が必要です。１～３ヶ月程度が多いようですが、これよりも短い企業も長い企業もあります。営業などの場合、基本研修の後は先輩と一緒の行動をとらせ、営業向きの素質の有無を見ることもあります。また、工学系の場合は現場での研修となり、本配属はかなり後になることもあります。

　企業はこのような研修期間に新入社員の能力と適性を見極めるのですが、新入社員（元学生）にとっても企業にとっても思わぬ事態が生じることもあります。新入社員からすれば思い描いていたものと違う。たとえば、残業が非常に多い、客の理不尽と思える行為が想像以上だ、上司の言葉がきつい、この会社でずーっとやっていけるのだろうか…。企業からすると、筆記試験や面接試験で想定された能力と異なる、適性が合いそうもない、人間関係の構築能力に問題がある、この新入社員が定年を迎えるまで給料を払いつづけるのか…。

　学生にとって「就活」は自分の一生の大きな部分を決めることであり、人生に大きな影響を及ぼすことであって、たいへん"怖い"ことですが、企業にとっても長期間の関係を結ぶ人間の採用は"怖い"ことなのです。ですから、採用業務は厳しいものとなるのです。

§3　エントリーシートの実際

　ここで紹介するエントリーシートの例は、私のゼミ生や長男が就職活動をするなかで入手したものです。少々時間の経過したものもありますが、現在でも

基本はまったく変わっていません。

①大手家電メーカー

　まずエントリー資格の欄に「国内・海外を問わず勤務可能な方」とあり、語学力の欄には「TOEIC　点、TOEFL　点、英検　（級）、その他の語学など　　」とあります。

　課題は「課題（①②いずれもご記入ください。）　①あなたの強み（オンリーワン）をどうビジネスに生かしますか。まだ足りない能力は何で、どのようにして身に付けますか。②（該当企業名）が勝ち組となるためには何が必要で、あなたはどのように貢献できますか。（5年後、10年後に分けて記入してください）◎表現方法は自由です。自分の「想い」を、思いきり表現してください。◎下の枠で書ききれない場合や添付資料のある場合は、同封して送って頂いて結構です。」です。

②自転車メーカー

　【あなたのことを教えてください。】「自分から見た自分（主観）。自分の長所、自分の短所」「他人から見た自分（客観）。他人から長所と見られる点、他人から短所と見られる点」

　「もっとも力を入れて勉強してきたことをわかりやすく説明してください。」

　「学生生活で何を目標にし、その達成度はどうだったか、手段を含めて記入してください。」

　「職業を選択するにあたって、あなたが一番大切だと思っているポイントは何ですか。」

　「社会人になったときに活かせるあなたの「強み」を語ってください。」

　「今まで生きてきた人生の中で、「自転車」とどう関わってきましたか。」

③接着剤メーカー

　「当社を志望する理由は何ですか。また、当社に入ってどんなことをしてみたいですか。」

　「あなたのこれまでの人生の中で一番困難だったことは何ですか。また、それをどのように解決しましたか。」

　「夢の接着剤が開発されようとしています。あなたなら何と何を"接着"してみたいですか。」

④業種不明

　100年カレンダー　→0歳から100歳までの空欄を埋める。

⑤寿司チェーン

　魚偏の字の右側の旁に漢字を入れて一つの字を作る。応募した学生を（自分を）「推薦する理由を、魚偏の漢字で表現。実在する漢字・しない漢字、どちらでもOK。」その「読み方を記入。魚にひっかけたダジャレになっていなくてもOK。」「推薦する理由をカンタンに記入。50字程度で十分です。気楽に書いてください。」

　これらのエントリーシートから、企業が何を求めているかを考えてみましょう。

　大手電機メーカーは「あなたの強み（オンリーワン）」と「まだ足りない能力」を書くことを求めています。また、自転車メーカーも、社会人になったときに活かせるあなたの「強み」を知りたがっています。この場合の「強み」とは、他の応募者に比べてレベルが高いものは何ですか、の意味です。あなたの「強み」は何ですか？

　自転車メーカーは【あなたのことを教えてください】「自分から見た自分（主観）。自分の長所、自分の短所」「他人から見た自分（客観）。他人から長所と見られる点、他人から短所と見られる点」と問うています。前者はともかく、あなたの長所と短所を的確に教えてくれる友人や教員はいますか。依頼しても3年生後期の時点でそれなりの付き合いがなければ、あなたのことをあまり知らないのですから、教えようがありません。親は他人ではありません。

　接着剤メーカーの「夢の接着剤が開発されようとしています。あなたなら何と何を"接着"してみたいですか」や業種不明企業の「100年カレンダー」の作成では、あなたの独創性が問われています。ちなみに、ゼミの学生に「君なら何と何を"接着"してみたいか」と尋ねたところ「僕と彼女」という答えが返ってきたことがありましたが、独創性はほとんど感じられません。

　寿司チェーンのエントリーシート（この企業がエントリーシートと言っています）も個性的なものです。このような少々面倒なことを引き受けてくれる推薦者をあなたはもっていますか。依頼することのできる教員や大人との付き合いはありますか。

> 課題
>
> 例に挙げた大手家電メーカーは「課題」（①②いずれもご記入ください。）と書いていますが、いくつの項目について記入すればいいのか、考えてみよう。

§4　1年生での就活準備

　1年生での「就活」の準備ですが、履歴書の書き方などのテクニカルなことはする必要はありません。3年生になれば、キャリアサポートセンターや就職課が教えてくれます。

　1年生でしなければならないことは、第1に、専門科目の十分な学習です。企業は単なる"大学生"が欲しいわけではありません。経済学部、法学部、文学部、外国語学部などの専門の知識と考え方（発想法）を身に付けた学生を望みます。専門については問いません。複数人を採用しますから、専門性についてはその中でバランスが取れればよいのです。

　第2は、総合的教養のレベルアップです。自分が選択した専門分野の知識と考え方を身に付けることは当然必要ですが、その他の分野を学習することは、知識を増やすことのほか、専門分野の考え方とは異なる考え方や発想法があることを知ることにつながります。これは考え方の多面化であり、能力の豊富化・高度化に貢献します。総合的教養は専門教養と一緒になって、就職試験のうちの筆記試験の基礎を固めることにもなります。

　第3は、資格取得の準備です。語学でも、PC関係でも、簿記などでも、資格を持っているということは、その分野の能力水準が客観的に証明されることです。チャレンジしてもいきなり合格することはほとんどありません。また、受験すれば合格する資格や、卒業すればもらえる資格などは、評価の対象にはほとんどなりません。1年生は基礎から始める時期ですが、いくつもの資格に挑戦することはお勧めできません。虻蜂取らずの可能性が生じます。自分の専門分野や関連分野のものがよいと思います。ただし、専門分野にかかわらず自動車運転免許は就活までに取得しておくとよいでしょう。

　第4は、勉強以外のことです。読書でも、映画鑑賞でも、音楽演奏でも、スポーツでも何でもかまいません。自分の好きなこと、趣味をもつことです。勉強以外の気晴らしにもなりますが、なによりも"同好の友"を得られる可能性

が高く、就活の際の情報交換、気分転換、自分のことを外から教えてくれる人間など、なくてはならぬ存在になります。

　第5は、アルバイトを経験することです。高校生でアルバイトをしたことのある人はともかく、大学生になって就職活動を始める頃までアルバイトをしたことがないのでは、世間を知らないと思われてしまいます。しかし、アルバイトは必要最小限にしてください。学業に影響がでるのでは本末転倒です。そのアルバイトでは、労働すること、賃金をもらうこと、それらの意味することを考えてください。

　その他、3年生に設定されているインターンシップの準備などまだまだありますが、「学生便覧」や「学生手帳」、「学生の手引き」などをよく読んで、準備を含め、1年生でしておくことを確認し、確実に実行してください。

§5　自信を持って「就活」に臨むために

　3年生後期の「就活」が始まる頃になって困ることはなんでしょうか。

　採用にあたっては、「§3　エントリーシートの実際」で見たように、また、筆記試験や性格テスト、面接試験を通して、企業はあなたの実際を知ろうとします。たとえば、エントリーシートの場合、「あなたの強み（オンリーワン）」を問われてなんと答えますか。「強み」はあなたが持っているさまざまな能力の中で一番優れていると思われる能力を書くしかないでしょうが、その「あなたの強み」は他人以上に優れた、他人以上の「強み」と言えるものでしょうか。

　「就活」に先立ってキャリアサポートセンターや就職課が実施する「性格検査」や「自己分析」ではどのようなものが出てくるでしょうか。「性格検査」は本人の好むと好まざるに関わらずある結果が出るでしょうが、「自己分析」をしたところたいした答えが出なかったという事例がありました。理由は簡単で、もともと本人が「たいしたもの」を持っていなかったからです。

　このような自己分析の結果を見ると、「自分はダメだ」という考えに傾きがちになります。自己分析をはじめいくつかの模擬テストを実施するのは3年生の後期です。この時期にこうした結果を突きつけられると「自分はダメだ」という落ち込みとともに、回復の時間的余裕が乏しいので"焦り"が生じます。

　エントリーシートにはついつい良い自分・優れた自分を書いてしまうことになりがちですが、それでは面接を通り抜けることはできません。面接ではあな

たが書いたエントリーシートは面接者の手元にあり、面接者はその内容の真偽を見極めるためにそのエントリーシートに基づいて質問をするのです。ですから、「自分はこれをやった」と自信を持って言えるものを1年生から積み上げていく必要があるのです。1年生からならば時間的な余裕があります。余裕があるならば"焦り"もありません。

　1年生から「就活」のために勉強せよ、準備せよ、というつもりはありません。「§4　1年生での就活準備」で書いたように、大学生本来の勉強をしていけばよいのです。焦ることはありません。しかし、怠けてはいけません。自分の「ライフデザイン」にしたがって着実に進めばよいのです。

課題

「人間関係」とはどのようなものか、友人を作るとはどのような意味をもつのか、友人を作るきっかけとはどのようなものか、考えてみよう。

書　名	**新 よくわかるライフデザイン入門**
	－大学でどのように学ぶか－
コード	ISBN978-4-7722-8510-0　C1037
発行日	2018（平成30）年2月15日　初版第1刷発行
編　者	大学導入教育研究会
	Copyright　©2018 大学導入教育研究会
発行者	株式会社 古今書院　橋本寿資
印刷所	株式会社 理想社
発行所	（株）古今書院
	〒101-0062　東京都千代田区神田駿河台2-10
電　話	03-3291-2757
FAX	03-3233-0303
URL	http://www.kokon.co.jp/
	検印省略・Printed in Japan

学籍番号：＿＿＿＿＿＿＿＿＿＿＿＿＿　　氏名：＿＿＿＿＿＿＿＿＿＿＿＿＿＿＿

提出日：＿＿＿＿＿＿＿

《第2章 §2 p.13》

　あなたが履修した科目を単位取得難易度評価（1：楽、2：普通、3：難）を含めたリストを作りなさい。まず自己評価から始めます。それから、それをグループの他のメンバーに評価してもらうことを通じて、問題意識を共有します。難易度判定が食い違う場合は、議論してなるべく一致した評価となるように努力してください。

	履修科目名	難易度評価							総合判定
		自分							
1									
2									
3									
4									
5									
6									
7									
8									
9									
10									
11									
12									
13									
14									
15									

◇次のセメスターに向けての覚え書き

◇グループで話し合って感じたこと

学籍番号：＿＿＿＿＿＿＿＿＿＿＿＿＿　氏名：＿＿＿＿＿＿＿＿＿＿＿＿＿

提出日：＿＿＿＿＿＿

《第3章 §2 p.20》

　まず、自分で5人の主張の妥当性に順位をつけてください。

　次に、グループの他のメンバーの順位を、一人一人に理由を明らかにしながら発表してもらって記しておきます。それから、グループで話し合ってグループ全体の順位を決めます。

	順　位								グループの順位
	自分								
若者A									
中年男B									
船長C									
船員D									
男E									

　あなたは論理的にあなたの考えを他者に伝えることができましたか。反省点を含めて気付いたことを書いてみましょう。

（　　　　　　　　　　　　　　　　　　　　　　　　　　　　　　　　　　　　　）

　あなたは、あなたの感情的な評価を他者に伝えることができましたか。反省点を含めて気付いたことを書いてみましょう。

（　　　　　　　　　　　　　　　　　　　　　　　　　　　　　　　　　　　　　）

学籍番号：＿＿＿＿＿＿＿＿＿＿＿＿　　氏名：＿＿＿＿＿＿＿＿＿＿＿＿＿

提出日：＿＿＿＿＿＿

《第7章 §4 p.51》

◇書誌情報：＿＿＿＿＿＿＿＿＿＿＿＿＿＿＿＿＿＿＿＿＿＿＿＿＿＿＿＿

◇なぜこの本を選んだのか

◇この本のよいところ

◇本の立てている問い

◇本の解答

◇本の要約（200字程度）

学籍番号：＿＿＿＿＿＿＿＿＿＿＿＿＿＿　　氏名：＿＿＿＿＿＿＿＿＿＿＿＿＿＿＿

提出日：＿＿＿＿＿＿

《第12章 §3 p.91》

＊試験の日程と傾向、対策

		1限	2限	3限	4限	5限
月曜	科目名					
	試験日時／教室					
	試験の形式／傾向					
	対策					
	メモ					
火曜	科目名					
	試験日時／教室					
	試験の形式／傾向					
	対策					
	メモ					
水曜	科目名					
	試験日時／教室					
	試験の形式／傾向					
	対策					
	メモ					

＊試験の日程と傾向、対策

		1限	2限	3限	4限	5限
木曜	科目名					
	試験日時／教室					
	試験の形式／傾向					
	対策					
	メモ					
金曜	科目名					
	試験日時／教室					
	試験の形式／傾向					
	対策					
	メモ					
土曜	科目名					
	試験日時／教室					
	試験の形式／傾向					
	対策					
	メモ